Victor Malka

Sterne der Weisheit

HERDER spektrum

Band 5813

Das Buch

Das Judentum verfügt über eine lange, ganz eigene Tradition der Auslegung seiner heiligen Texte. In dieser kleinen Textsammlung lässt uns Victor Malka eine mündliche Weisheitsliteratur entdecken: Gerechtigkeit, Barmherzigkeit, Gebet, Lachen und Weinen, Spiritualität. Die Väter der weisheitlichen Tradition des Judentums haben sich in diese Fragen hineinvertieft, um ihren Gläubigen Empfehlungen für ihr praktisches Leben zu geben. Ab dem 11. Jahrhundert setzte im französischen und spanischen, später vor allem auch im osteuropäischen Raum eine Blüte der spirituellen, allegorischen und anekdotischen Schriftkommentare ein. Noch heute werden diese Weisheiten in allen Synagogen der Welt vorgetragen und entsprechend der jeweiligen Situation und Stimmung kommentiert. Das Buch ist eine Fundgrube für kurze, inspirierende Texte zu den vielfältigsten Themen sowohl für den Einzelnen zur praktischen Lebensgestaltung als auch für besondere Anlässe in Familie und Gemeinde. Der Sammlung vorangestellt hat der Autor einen 24-seitigen Essay, in dem er einen guten, informativen Überblick über diese jüdische Tradition mit ihren wichtigsten Persönlichkeiten bietet.

Der Autor

Victor Malka, Chefredakteur der Zeitschrift *Information juive* und Produzent der Reihe *Écoute Israël* des Senders France-Culture. Bei Albin Michel zahlreiche Veröffentlichungen zur jüdischen Spiritualität.

Victor Malka

Sterne der Weisheit

Perlen jüdischer Mystik

Aus dem Französischen von Bernardin Schellenberger

HERDER

FREIBURG · BASEL · WIEN

Gedruckt auf umweltfreundlichem,
chlorfrei gebleichtem Papier

Lizenzausgabe
Mit freundlicher Genehmigung des Verlags Albin Michel, Paris

www.herder.de
Satz: Rudolf Kempf, Emmendingen
Herstellung: fgb freiburger graphische betriebe 2007
www.fgb.de
Umschlaggestaltung und Konzeption:
R·M·E München / Roland Eschlbeck, Liana Tuchel
Umschlagmotiv © Privatsammlung Calatagimi
ISBN 978-3-451-05813-4

Inhalt

Glücklich die Flamme,
die in der geheimen Tiefe der Herzen brannte!
Hannah Senech

Vorwort

Im vorliegenden Buch schöpfen wir aus der zweifellos ältesten und zähesten Tradition des Volkes Israel. Schon immer war es der bevorzugte „Sport“ und die große Berufung der Juden, den Bibeltext zu kommentieren. Dazu sind sie von ihren Weisen unaufhörlich eingeladen worden. So hat eine Generation um die andere die Verse der Torah immer wieder von allen Seiten betrachtet und ausgeleuchtet. Die Torah, das sind im Wesentlichen die fünf Bücher Moses, um deren Verständnis sie sich unablässig bemühten. So befragten sie sie zunächst, um dann vielleicht in einem weiteren Schritt über sie zu lehren. Dabei entwickelten sie in jedem geographischen Raum ihre Besonderheiten und in jeder Phase der Geschichte gab es neue Kommentatoren: so etwa zur Zeit des Entstehens des Talmud, dann in der griechischen Zeit, sodann im Mittelalter, als man sehr stark die verschiedenen Aspekte der jüdischen Philosophie mit einbezog, sowie dann in der Moderne, zur Zeit der *Haskala*, der jüdischen Aufklärung. Jede Schule besaß ihre eigenen Methoden, jeder Meister hatte bestimmte Vorlieben und Neigungen. Zudem verfügte jedes Zeitalter über sein ganz eigenes Bildungsniveau. Jeder Kommentator hielt sich an seine eigene Weltsicht, seine persönliche Philosophie, sein jeweiliges Bildungssystem. Weder hielten sich alle an den gleichen Leseraster noch schätzte jeder die Tugenden des Menschen auf die gleiche Weise ein. Da stellte etwa der eine die Verantwortung an die Spitze aller anderen Tugenden; ein anderer räumte diesen Rang der Willensfreiheit ein, über die der Mensch verfügt. Es gibt keinen einzigen Vers des Bibeltextes, der nicht von den Anfängen bis in unsere Tage auch Anlass zur Infragestellung, zur Diskussion oder zu vielfältigen und zuweilen widersprüchlichen Auslegungen gegeben hätte.

Am Anfang der Ausarbeitung jedes Kommentars stehen immer wieder die gleichen Fragen bezüglich des Textes: Was sagt er uns? Was will er uns beibringen? Warum wird uns dies gesagt, und warum auf diese Weise? Welchen Schluss kann oder muss man daraus ziehen? Was bedeutet die Wiederholung eines Wortes, einer Formulierung, eines Gedankens? Vor welcher irrtümlichen Auslegung will er uns energisch warnen? Zuweilen spricht der Bibeltext von sich aus den Leser geradezu an und fordert ihn auf: *dorkeni* – „Bitte, lege mich aus!", als wolle er sagen: Nimm mich auf keinen Fall wörtlich, suche, stochere, grabe über mich hinaus! Dann ergibt sich jene Art von poetischem und phantasievollem Zwiegespräch zwischen Leser und Text, dessen sich besonders gern der französische Kommentator Raschi bedient. Man kommt dann dahinter, so schreibt Rav Kook, dass sich in den Runzeln oder Falten des Textes der Torah neue Auslegungsmöglichkeiten verstecken, die es zu finden gilt.

Zudem wurde bei den Juden das Kommentieren des Gesetzes immer als ein besonders intensives spirituelles Tun verstanden. Es dient dazu, Geist und Seele zu erheben, und sollte grundsätzlich nicht von den Umständen der Zeit oder des Ortes abhängen. Der Kommentierende entspricht seiner Berufung, den Text neu werden zu lassen, ihm neues Leben zu schenken. Man studiert die Torah nicht aus Eigeninteresse, um damit etwas zu verdienen, und auch nicht, um sich Ruhm und Ansehen zu verschaffen, sondern man studiert sie, weil das Pflicht ist, denn ohne das Studium, so heißt es in einer Schrift, könnte die Welt sich nicht im Bestand erhalten. Sie würde wieder in den Zustand des ursprünglichen *tohu wa bohu* zurückfallen. Im Übrigen genügt das Studieren im Sinn eines bloßen Auswendiglernens nicht. Man muss zudem auch Tag für Tag die Begriffe genau ergründen, unablässig die Bedeutungen neu herausarbeiten, ständig den Text neu aufschließen – ihn „gehen lassen" –, damit er neue Perspektiven eröffnet und sich mit neuen Augen lesen lässt. Denn er will zu den Menschen unserer Generation sprechen.

Zu allen Zeiten gab es zwei Ebenen der Lektüre und der Interpretation. Auf der ersten (der *pschat*) fragt man nach der direkten, offensichtlichen Bedeutung. Dabei möchte man rasch das Wesentlichste und Einfachste freilegen, ans Licht bringen, entdecken. Auf der zweiten Ebene (der *drasch*) stellt man intensiv Fragen, untersucht, überprüft gründlich. Auf der ersten Ebene unterlässt man es streng, sich auf Angaben oder Dimensionen zu beziehen, die grundsätzlich im Text nicht vorkommen; auf der zweiten dagegen ist die subjektive Interpretation erwünscht, gefordert, ja sogar unbedingt notwendig. Nach der Theorie des Philo von Alexandrien, des vermutlich ersten Kommentators der Bibel (um das Jahr 30 vor unserer Zeitrechnung), ist nämlich der gesamte Bibeltext eine einzige große Allegorie. Für ihn sind die biblischen Helden nichts als Symbole: Der Patriarch Abraham stelle die Liebe zur Torah und deren Studium dar, Isaak den Verstand in Aktion, Jakob die Bildung …

Zunächst einmal sind es die Leviten, die Tempeldiener, die den ausdrücklichen Auftrag haben, das Gesetz auszulegen, und vor allem, es dem einfachen Volk verständlich zu machen. Später haben die Meister des Talmud, so verschieden sie sind, kein anderes Anliegen (oder keine andere Berufung) als dies: die mündliche Überlieferung lebendig und unablässig offenzuhalten.

Es sollte bis in die Mitte des 11. Jahrhunderts dauern, bis die Kunst des Bibelkommentars in Troyes in der Champagne ihren unvergleichlichen Meister fand. Da kam endlich Raschi! Keiner dürfte es bis dahin unternommen haben, so wie Raschi die Bibel methodisch zu erklären und zu kommentieren. Rabbi Schimon, Sohn des Isaak, sollte rasch berühmt werden. Hier – und namentlich bei den spanischen jüdischen Dichtern – bekam er den Beinamen *Hazarfati*, „der Franzose". Er ist der Mozart des Bibelkommentars. Mit seiner Präzision, Dichte, Einfachheit, didaktischen Ausrichtung und Liebe zum Detail ist Raschi einzigartig. Er erklärt wie kein anderer die schwierigen Wörter, die nicht eindeutigen, die von anderswoher übernommenen, die außer Sicht geratenen oder nicht mehr gebräuchlichen; er beschreibt verständlich, wie seinerzeit diese und jene Situation empfunden wurde, wie ein inzwischen verschwundenes Handwerk ausgeübt wurde, was eine bestimmte Gestalt geglaubt oder wie sie gekämpft hat. Mag es um Fragen der Sozialpsychologie oder der Mathematik gehen, der Medizin oder der Wirtschaft, er lässt den Leser mit ihnen nie alleine. Ganz zu schweigen von der Kunst des Weinbaus, die dieser außergewöhnliche Wissenschaftler wie kein Zweiter beherrschte. Raschi ist kein gewöhnlicher Mensch. Das geht so weit, dass die heutigen Leser seines Kommentars – seien es regelmäßige oder zeitweilige, Wissenschaftler oder Anfänger – sich fragen, wie man überhaupt schon irgendetwas vom biblischen Text hatte wirklich verstehen können, bevor dieser verlorene Sohn des Judentums der Champagne, der, wie es heißt, von Beruf Winzer oder Weinbauer war, seine gigantische und unverzichtbare Arbeit unternahm.[1]

Über eine Einzelheit zerbrechen sich bis heute weltweit sei-

---

[1] Siehe *Rachi*, Presses universitaires de France, in der Schriftreihe „Que sais-je?" 1993.

ne verschiedenen Biografen den Kopf: Wie konnte sich dieser Gelehrte die zahlreichen Bücher der – namentlich spanischen – alten Meister besorgen, die er in seinen Kommentaren reichlich zitiert, wo doch zur damaligen Zeit Manuskripte kostbare und praktisch kaum auffindbare Gegenstände waren? Das ging ja so weit, so fügen manche hinzu, dass damals zahlreiche Gesetzeslehrer zum Beispiel ihren Lebtag nicht sämtliche zum Talmud gehörigen Bände zu Gesicht bekamen.

Raschi versuchte zunächst, die offensichtlich widersprüchlichen Texte im biblischen Bericht miteinander zu versöhnen, namentlich die beiden Schöpfungsberichte. Aber das tat er nie als Philosoph, denn ein solcher war er nicht. Zuweilen griff er auf die eine oder andere Legende zurück, aber nur, wenn sie seine wörtliche oder vernunftgemäße Textauslegung bestätigte, die er geradezu mit Besessenheit betrieb. Er starb, ohne noch genügend Zeit gehabt zu haben, um seinen Kommentar zum Buch Ijob fertigzustellen. Sein Enkel Schmuel Ben Meir (in der jüdischen Tradition Raschbam genannt, 1080–1158) unternahm es, ab Kapitel 40, Vers 27 diesen Kommentar fortzuführen.

Der Enkel gilt in den Augen der Experten als Ausleger, der ständig versucht, sich von der Literatur der Legenden und ihren Ansätzen abzusetzen. Er versteht sich als Rationalist und geht mit seinem Ansatz sehr weit. So zögert er zum Beispiel nicht, über die Episode, in der Mose die beiden ersten Gesetzestafeln zerbricht (Ex 32,19), zu schreiben – und das als Einziger aus dem ganzen Spektrum der Bibelkommentatoren –, dass Mose deshalb so gehandelt habe, weil ihn plötzlich seine Kräfte verlassen hätten. Beim Anblick des Goldenen Kalbs hätte also nach der Interpretation des Enkels von Raschi Mose nicht mehr die erforderliche körperliche Kraft gehabt, die Tafeln zu halten, und deshalb habe er sie zu Boden fallen lassen. Einige Jahrhunderte später sollte Nehama Leibowitz, von der später noch die Rede sein wird, diese Interpretation energisch zurückweisen. Sie wirft Raschbam vor, er, der doch gewöhnlich so sehr auf den rationalen Sinn der Dinge aus sei, entferne sich zuweilen von diesem gewaltig weit. Sie schrieb: „Nein, die Gesetzestafeln sind Mose nicht aus den Händen gerutscht. Der Bibelvers schließt ein solches Verständnis aus. Mose reagierte im Gegenteil mit Kraft, Vitalität und Entschlossenheit und schleuderte sie zu Boden, und das nicht, weil er plötzlich irgendeinen merkwürdigen körperlichen Schwächeanfall gehabt hätte."

Der Kommentar von Raschi ist vorsätzlich für alle Arten von Lesern geschrieben, für Gelehrte und Ungelehrte. Das ist nicht der Fall beim Werk des spanischen Dichters Abraham Ibn Esra (1090–1164), der ganz ausdrücklich elitär sein wollte. Er schrieb für eine ganz kleine Minderheit. Ibn Esra war nicht nur Poet, sondern auch Philosoph, Grammatiker, naturwissenschaftlicher und medizinischer Schriftsteller. Er lebte der Reihe nach in Narbonne, Dreux, Montauban und Béziers und ließ sich mit Vorliebe *Hasfaradi* nennen, „der Spanier". Als umherschweifender Gelehrte erwähnte er in seinen Schriften häufig sein Geburtsland. Da er fest an die Astrologie glaubte, schrieb er den Sternen den Umstand zu, dass ihm, wie er selbst es beschrieb, „das Glück nicht hold" war, er ständig „Pech" hatte und in Armut leben musste.[2] Sein Kommentar ist bündig, dicht, lapidar formuliert und grenzt oft ans Unverständliche („Er schreibt in Rätseln", sagt ein Kritiker). Sein Stil ist kurz und präzis, fast verschlüsselt, voller Anspielungen und zuweilen von bitterem Humor. Ibn Esra schließt seine Darlegungen oft mit der Formulierung „und wer Einsicht hat, möge es begreifen" (*wehamewine jawine*). Tatsache ist, dass auch der Einsichtige, sogar

[2] Von Abraham Ibn Esra stammen die bekannten tragischen Zeilen der hebräischen Literatur: „Würde ich einen Kerzenhandel anfangen, dann würde die Sonne nie mehr untergehen; würde ich Leichentücher verkaufen, dann würde nie mehr jemand sterben."

der mit ihm Vertraute, nicht immer begreift, was er sagt. Generationen von Gelehrten „stritten" sich im Lauf der Jahrhunderte ausgiebig darüber, was nun seine Interpretationen und Kommentare eigentlich genau bedeuteten.[3] Um den Lesern zu helfen, seine Bibelerklärungen zu verstehen, wurden bereits zahlreiche Bücher geschrieben. Maimonides zollte ihm eine ungewöhnliche Wertschätzung. In einem Brief an seinen eigenen Sohn gab er diesem den pädagogischen Rat: „Verliere deine Zeit nicht mit anderen Bibelkommentaren als denen von Ibn Esra ... Dieser Weise, dieser Gelehrte fürchtete niemanden. Er schrieb ganz freimütig und wollte ganz und gar niemandem zu Gefallen sein."

Doch finden sich bei Abraham Ibn Esra zuweilen äußerst harte Ausfälle gegen die christlichen Kommentatoren seiner Zeit, sowie auch gegen die Qaraïten, eine jüdische Sekte, die nicht an das mündliche Gesetz glaubte. Er bezeichnete die einen wie die anderen als „irrende Herzen" und sagte von ihnen, sie hätten wenig Glauben. „Schläfer sind es, nie erwacht aus ihrem Schlaf", schrieb er über sie. An einer anderen Stelle bezeichnet er sie als „Leute mit leerem Geist", „negativ Eingestellte" oder auch als „universale Dummköpfe".

Einige Jahrzehnte später bemühte sich ein weiterer Kommentator, David Kimhi, bekannt unter dem Namen Radak (1160–1235), um ein synthetisches Werk und verknüpfte dazu bei seiner Arbeit die Methode der französischen Gelehrten mit denjenigen der Weisen Spaniens, der Traditionalisten und der Philologen. Aber er verstand sich vor allem als Pädagoge. Außerdem wollte er selbst noch dem geringfügigsten Ereignis in

---

[3] Mein Vater verehrte die Kommentare von Ibn Esra. Er war im Lauf der Jahre ein Spezialist für sie geworden. Als ich während seines Lebensabends mit ihm diese Texte studierte, tat ich mich sehr schwer, sie auch nur im aufgeschlagenen Buch entziffern zu können. Mein Vater kannte sie nach sechzig Jahren des Studiums darin auswendig.

der Bibel einen moralischen Sinn abgewinnen. Denn nicht von ungefähr war er in Narbonne in der Provence zur Welt gekommen, also in einer Region, die damals ein großer kultureller Umschlagplatz war, offen für alle intellektuellen Richtungen; dort begegneten sich vor allem die Naturwissenschaft der französischen Schule und die aus Spanien stammende. Er ist einer der wenigen, die sich zum Beispiel die Frage stellten, ob die Psalmen vom Heiligen Geist geprägt seien oder vom Geist der Prophetie. Kimhi trat in die Fußstapfen von Maimonides, weshalb ihm an dieser in seinen Augen ganz wesentlichen Unterscheidung lag. Seines Erachtens gab es in der Prophetie unterschiedliche Grade: So sei zum Beispiel diejenige, die er Daniel zuerkannte, in nichts mit derjenigen des Jesaja oder Ezechiel zu vergleichen. Das sei übrigens der Grund, schrieb er, weshalb Daniel unter die Hagiographen eingeordnet worden sei und nicht unter die Propheten.

Ein weiterer, aus Gerona in Katalonien stammender Meister legte seinen Kommentar in eine andere Richtung an: Bei ihm spielen Mystik und Geheimwissen eine große Rolle. Mose ben Nachman, bekannter unter dem Namen Nachmanides (1194–1270), von Beruf Arzt, war der Erste, der in seinen Kommentar vorsätzlich das einführte, was er und die Seinen als „innere Weisheit" bezeichneten, die er als „den Weg der Wahrheit" erachtete. Er hatte am Hof des Königs Jakob I. von Aragon wichtige Funktionen inne. Beeinflusst von der französischen Kultur, bekämpfte er mit Leidenschaft den aus Südspanien kommenden übersteigerten Rationalismus, wie er namentlich mittels des Werks von Maimonides verbreitet wurde. Er lehnte entschieden die bei Mose ben Nachman deutliche Hinwendung zu den Themen, Begriffen und Theorien des Aristoteles ab. Außerdem gefiel ihm nicht die Vorstellung von Maimonides, die Philosophie sei der Prüfstein für die Wahrheit der Religion. In der Einleitung zu seinem Kommentar schrieb er klipp und klar:

„Ich möchte hier ankündigen, dass meine Darlegungen nur von den Leuten der Weitergabe begriffen werden können. Die Vernunft oder Logik haben hier nichts zu suchen." Als Arzt und Psychologe (die Bezeichnung für Letzteren war damals „Seelenarzt") war er stark von Raschi beeinflusst, „unserem Meister Salomo, dem das Ältestenrecht zusteht". Er hatte vor ihm gewaltigen Respekt, selbst wenn es oft vorkam, dass er mit dessen Auslegungen nicht einig war. Merkwürdigerweise ärgerte er sich zuweilen über die Bibelkommentare seines Kollegen Ibn Esra von der spanischen Schule, ging aber immer sehr höflich mit ihm um: „Siehe, ein Mensch, der alles verwechselt. Er hält die Dinge nicht richtig auseinander. Ich wundere mich, dass sein Geist über diesen Punkt blind war ..." Oder auch: „Seine Darlegungen sind grotesk." Noch schlimmer: Gelegentlich warnte er seine Leser sogar: „Lass dich nicht von den Albernheiten des Rabbi Nachman (Ibn Esra) an der Nase herumführen." Zuweilen vermied er es sogar schlicht und einfach, seinen Kollegen mit Namen zu nennen, und er schrieb: „Ach! Wenn derjenige, der sich doch derart rühmt, die Gesetze der Torah zu kennen, wirklich ein ‚Wissender' wäre, ich sage euch, dann würde er verstummen. Und er würde aufhören, sich über unsere Meister lustig zu machen, wie er das tut."

Nachmanides war eigenartig. Man könnte fast sagen, er habe nichts anderes im Sinn gehabt, als rundum Verbote auszusprechen und andere auszugrenzen. Es mochte noch angehen, dass er auf diese Weise auch Ibn Esra am Zeug flickte; das hatte der Dichter zeit seines Lebens seitens vieler anderer auch schon erlebt. Aber sogar Maimonides, der berühmte Autor des *Führers der Verwirrten*, entging nicht seiner Kritik, seinen sarkastischen Ausfällen und seinem Spott. Er schrieb: „Ich behaupte, es sei verboten, diesbezüglich Maimonides sein Ohr zu leihen und ihm Glauben zu schenken." Und wenn der Arzt aus Córdoba, der „Adler der Synagoge", die Vermutung äußerte, bei der Einrichtung der Tieropfer zu biblischer Zeit habe es sich um ein Zugeständnis an die Mentalität des Zeitalters gehandelt, eine Art von notwendiger Übergangsform zwischen der Zeit der Menschenopfer und dem reinen „Dienst des Herzens", dann kanzelte Nachmanides diese Deutung als „unsinnige Vorstellung" und „Dummheit" ab.

Noch ein weiterer Spanier sollte drei Jahrhunderte später mit seinem Kommentar allgemein bekannt werden. Dieser Mann hatte sich allerdings während seiner Laufbahn überwiegend etwas ganz anderem als der Auslegung von Bibelversen gewidmet. Don Isaak Abravanel (1437–1508) war Experte in Finanzfragen. Er kannte sich besser als jeder andere in Geldsachen aus und fungierte gelegentlich auch als geschickter Diplomat. In Portugal hatte er unter König Alfonso V. das Amt des Finanzministers inne, und anschließend wurde er in Spanien Ratgeber der Katholischen Könige Isabella und Ferdinand und blieb das bis zur Vertreibung seiner jüdischen Glaubensgenossen im Jahre 1492. Da beschloss er, sich in Neapel niederzulassen. Bevor er die ersten Zeilen seines Kommentars schrieb, widmete er sich zuerst einmal der gründlichen Untersuchung der Frage nach den verschiedenen Redakteuren der Bibel. Er wollte wissen, wer was geschrieben habe. Damit setzte er sich gewaltig in die Nesseln, zögerte aber nicht, klar und deutlich zu äußern, dass er in dieser Hinsicht nicht der gleichen Meinung wie die jüdische Tradition sei. So bestritt er, dass Mose das Buch Ijob geschrieben habe, wie das ein Bericht im Talmud besagte, oder auch, dass Josua tatsächlich der Verfasser des Buches sei, das in der Bibel seinen Namen trägt. Er war der Erste unter den großen Kommentatoren, der in seinen Arbeiten christliche Schriften zitierte. Dabei stellte er zahlreiche Bezüge zur Profangeschichte her – was für einen Berufsdiplomaten naheliegend ist – und vermischte sie mit Erwägungen über die Geographie. Er stellte sich zum Beispiel die Frage, ob das monarchische System für das jüdische Volk wirklich derart unverzichtbar wie für andere Nationen sei. Am Ende kam er auf Grund seiner Kenntnis der Gebiete, wo es keinen König gab – etwa in Venedig, Florenz und Bologna – zu dem Schluss, dass es besser wäre, sich des Monarchen zu entledigen: „Das monarchische Regiment ist nicht unbedingt Pflicht und zudem schädlich. Die republikanischen Regimes sind offensichtlich wesentlich besser." Und er fügte hinzu, dass in Wirklichkeit das „Regiment der Torah" besser als alle die Regimente in Italien seien, wo man die aristokratische Republik praktiziere.

Abravanel begnügte sich nicht mit rein jüdischen Quellen. Mehr als jeder andere Autor war er für die Weisheit anderer Völker offen. Weder scheute er sich, christliche Kommentatoren zu zitieren, noch zögerte er, zuweilen Themen aus der griechischen Mythologie anzusprechen.

War er ein Modernist? Nein, er hatte nichts mit der „Wissenschaft des Judentums" und den Methoden zu tun, die im 19. Jahrhundert in Deutschland entwickelt werden sollten. Er wollte in erster Linie Erzieher sein und war ein entschiedener Gegner all derer, die auf die eine oder andere Weise Hand an die jüdische Tradition legen wollten, die er als „die Seele der Nation" betrachtete. Dabei verzichtete er in seinem Bibelkommentar nicht darauf, nach dem Plan Gottes für die Welt zu fragen. Er erörterte auch die Bedeutung der Gewalt in der Gesellschaft. Was die Bibelauslegung anging, vertrat er, man könne nicht den gesamten Bibeltext wörtlich auslegen. Es gebe in der Bibel geheime Dinge, die auf jeden Fall für immer geheim bleiben müssten.

Im 18. Jahrhundert war es nicht mehr Spanien, woher die weltweit wichtigsten Bibelkommentare kamen. Das hatte einen einfachen Grund: Seit dem Ende des 15. Jahrhunderts war Spanien praktisch ein Land ohne Juden. Jetzt kamen neue Impulse aus Deutschland, und zwar mit Moses Mendelssohn (1729–1786). Mit ihm begann endgültig die wissenschaftliche Textkritik. Mendelssohn wollte unter anderem auch die Schönheit und Poesie der Bibel aufzeigen. Doch die religiösen Kreise messen den Bibelkommentaren dieses Philosophen keine große Bedeutung zu, weil sie ihn etwas vorschnell mit der Assimilationsbewegung in Zusammenhang bringen.[4]

Das Ansehen des ersten modernen Bibelkommentators sollte sich der in Padua geborene Philosoph Samuel David Luzzato (1800–1865) erwerben. Für ihn ist charakteristisch, dass er für die Allgemeinkultur offen war, für den Geist des Jahrhunderts und für das intellektuelle Umfeld seiner Zeit. Auch er wusste die nichtjüdischen Kommentatoren zu schätzen. Er zitierte sie oft, und sei es nur, um gegen sie zu polemisieren, aber er distanzierte sich ausdrücklich von allen, die sich „bloß zu Füßen der Traditionen des Judentums scharen wollten".

In diesem kurzen, summarischen Abriss der bedeutendsten Bibelkommentatoren darf schließlich Samson Raphael Hirsch nicht fehlen. Mit seiner wissenschaftlichen Kompetenz war er im 19. Jahrhundert in Deutschland die überragende Gestalt. Sein Kommentar ist vom Geist der Emanzipation von den Juden Frankreichs geprägt. Dieser große Rabbiner des deutschen Judentums war als zutiefst optimistisch gesinnter Mensch von einer geradezu euphorischen Vertrauensseligkeit bezüglich der Einstellung der Nationen gegenüber den Juden. Seiner Ansicht nach war die Situation der Juden in Deutschland ausgezeichnet, was für ihn hieß, dass sie das auch überall sonst sein musste. Dass die Juden zur damaligen Zeit in ganz Osteuropa ungemein litten, kümmerte den großen Rabbiner nicht. Er war sich dessen offenbar nicht einmal bewusst, und man warf ihm das später auch sehr vor: Die deutschen Juden hätten gegen-

---

[4] Siehe *Moses Mendelssohn* von Dominique Bourel, Paris 2004.

über diesen aus dem Osten gekommenen Juden regelrecht „Verachtung“ an den Tag gelegt.[5]

Hirsch verkörperte mehr als jeder andere die neo-orthodoxe Bewegung. Er sprach laut und deutlich davon, dass das orthodoxe Judentum die abendländische Kultur übernehmen und sie vertreten müsse. Was er im Wesentlichen im Bibeltext suchte, war der erzieherische und religiöse Sinn. Laut ihm bestand das Ziel der Gebote darin, den Menschen auf die höchste Stufe, auf die der der menschlichen Vollkommenheit zu führen. Er schlug einen psychologischen Kommentar zur Bibel vor und versuchte, seinen Lesern plausibel zu machen, warum die biblischen Helden so gehandelt hätten und nicht anders.

Zur gleichen Zeit wie Hirsch gab es in der jüdischen Welt einen äußerst markanten Kommentator. Er mag nicht zu den größten zählen, aber er hat noch heute unter den Bibellesern zahlreiche Bewunderer: Meir Loeb Ben Jechiel Michael (1809–1879), allgemein „Malbim“ genannt, nach dem Akronym seines Namens. Er wurde im Jahr 1858 in das Amt des Großrabbiners von Rumänien berufen. Das war kein ruhiger Posten, sondern im Gegenteil: Er bescherte ihm ein besonders unglückliches Leben. Eines Tages klagten ihn verdorbene, böswillige Juden aus obskuren Gründen bei den Autoritäten des Landes an. Er wurde an einem Sabbat verhaftet und ins Gefängnis verbracht, und zwar als er gerade dabei war, in der Synagoge seine traditionelle Predigt zu halten, einen Kommentar über die Bibel. Nur auf die rasche Intervention des berühmten Sir Moses Montefiore hin kam er wieder frei. Er verdankt übrigens einzig seinem Bibelkommentar seine heutige relativ große Bekanntheit, nicht seinen Werken, die Homilien enthalten, oder

[5] Der Gelehrte Chaim Weizmann und erste Präsident des Staates Israel schrieb in seinem Buch *Naissance d'Israel* (Paris 1957, 57:) „Die deutschen Juden hatten uns russische jüdische Studenten als Wilde aus den noch nicht zivilisierten nördlichen Regionen betrachtet …“

seinem autobiografischen Bericht. Sein Hauptmerkmal war sein entschlossener Widerstand gegen alle diese reformierten Rabbiner, von denen – wie er sagte – manche davon träumten, den Sabbat durch den Sonntag zu ersetzen. Er äußerte ziemliche Verachtung für Männer wie Moses Mendelssohn und seine Freunde, die er das „Übersetzungsorchester" nannte. Mendelssohn und seine Genossen, so schrieb er, hätten die Torah verraten; die Hirten hätten sich von Gott entfernt. Und er fügte bezüglich dieser Hirten hinzu, sie hätten sich selbst zu Rabbinern, Predigern und Amtsdienern ernannt. Man untertreibt, wenn man sagt, Malbim habe nur die ästhetische Sicht des Bibeltextes, die Mendelssohn vorschlug, nicht gefallen. Er konnte im ganzen Ansatz von Mendelssohn nichts Inspirierendes erkennen. Im Gegenzug hegte er große Bewunderung für den Spanier (bzw. Portugiesen) Abravanel, den er auf seine Art als den „Meister der Kommentatoren" bezeichnete. Mit ihm fand er sich sehr oft einig. In seiner Einführung zum Buch Josua schrieb er im Hinblick auf ihn: „Keiner ist so stark wie dieser Fürst, wenn es darum geht, dem Bibeltext mit einer einfachen Auslegung Leben einzuhauchen." Doch gab es auch Punkte, in denen er anderer Ansicht als sein Kollege Abravanel (und auch Maimonides) war, vor allem, was die Prophetie anging. Für ihn handelte es sich dabei nicht um die auf ihren höchsten Gipfel getriebene menschliche Vollkommenheit, sondern im Gegenteil um ein Phänomen, das nichts Natürliches an sich habe und schlicht und einfach ein Wunder sei. Als Beweis für seine These zitierte er den Propheten Amos, der ausdrücklich gesagt habe, dass er über keinerlei Bildung verfüge.

Schließlich sind noch die heutigen Kommentatoren zu nennen. Von Pinchas Peli bis zu Shalom Rosenberg (zwei modernistische und humanistische Geister, die sich durch ihre Prägung durch die Tradition und zugleich eine universalistische Sichtweise auszeichnen) lesen und analysieren sie die Bibel immer wieder im Licht der Ereignisse der Geschichte, der Weiterentwicklung der Welt oder aktueller, markanter Vorfälle. Der Erstere tat das jahrelang mit Bravour für die Leser der Freitagsausgabe der *Jerusalem Post*[6]; der Zweite, ein anerkannter Gelehrter und Professor für jüdisches Denken, tut das weiterhin jede Woche mit großem Talent und einer bewundernswerten Geistesweite für die Zehntausende von Lesern der israelischen Tageszeitung *Maariv*.

Es ist jedoch eine Frau, die überraschenderweise auf diesem traditionell fast ausschließlich von Männern beherrschten Gebiet intellektueller Aktivität von allen als außerordentlich geistreiche, originelle Denkerin und eine der besten Kommentatorinnen der Bibel angesehen wurde. Nehama Leibowitz (1905–1997) formte in Israel zahlreiche Generationen von Bibellehrern. Viele Jahrzehnte lang veröffentlichte sie ihre Kommentare zum jeweiligen Bibel-Wochentext (der so genannten *sidra* oder „Perikope") auf Hektographierten Blättern, die weltweit verschickt wurden, namentlich an die israelischen Soldaten im Feld. Nehama Leibowitz verfügte dafür über eine Substanz, von der sie zehren konnte: Sie war von frühester Kindheit an in ihrem Vaterhaus in Riga in diese Art Studium eingeführt worden. Ihr Bruder Jeschajahu erlangte zunächst in der israelischen Gesellschaft großes Ansehen als einer der besten Kenner des jüdischen Denkens, Philosoph, Professor an der Hebräischen Universität und Hauptredakteur der *Enzyklopädie des Judentums* und wurde dann – gleich nach dem Sechstagekrieg von 1967 – zu einem der radikalsten Kritiker des politischen Establishments des Landes und weltweit berühmt für seine radikale Verurteilung der in Israel Regierenden und vor allem der Armee des Landes und ihrer Chefs.

---

[6] Siehe *La Torahh aujourd'hui* von Pinchas M. Péli, Paris 1988.

Was Nehama vor allem interessierte, war die Übersetzung alter Sachverhalte in eine heutige Sprache. Außerdem wollte sie in den Mittelpunkt ihrer Darlegungen nicht die Antwort stellen, sondern die Frage, die nicht in Ruhe lässt und aufweckt. Wenn zwei verschiedene Auslegungen möglich waren, entschied sie sich nicht für eine davon. Warum nicht? „Weil wir keine Katholiken sind. Bei uns gibt es keinen Papst, der entscheidet, wer Recht und wer Unrecht hat." Ihrer Ansicht nach kam es grundsätzlich nicht darauf an, die Antworten zu finden, sondern zu lernen, sie zu suchen. Zudem betrachtete sie die Bibel nicht als Geschichtsbuch, sondern als Traktat über die Moral, als Buch für das praktische Leben. Die Kunst des Fragens war ihrer Überzeugung nach die höchste aller Künste. Ihren Ansatz formulierte sie in einem Brief an einen ihrer ehemaligen Schüler, der Professor für Bibelkunde geworden war, so: „Sei klug! Lass dem Schüler vor allem die Freiheit, selbst zu suchen, zu entdecken, zu vergleichen und zu analysieren!"[7]

Auf den hier vorgelegten Seiten wird kein systematischer Bibelkommentar geboten, wie das die Werke aller hier vorgestellten Autoren waren. Diese Texte gehören vielmehr einer Gattung an, die eine jüdische, auf die Torah angewandte Tradition als *parperaot* bezeichnet. Mit diesem Ausdruck sind „Leckerbissen" oder „Appetithäppchen" gemeint oder auch – nach anderen Übersetzern – „beiläufige Anmerkungen." Es handelt sich um alle möglichen lockeren, jedoch nicht albernen, geistreichen Anmerkungen zu Bibelstellen, die aber bezüglich des Gesetzes nicht ganz wesentliche oder grundsätzliche Themen ansprechen. Sie stammen aus allen möglichen Epochen und

[7] *Pirke Nehama*, Ein Buch der Erinnerung an Professorin Nehama Leibowitz, Tel Aviv 2001 (auf Hebräisch).

ergaben sich unsystematisch als spontane Einfälle zu bestimmten Versen, Personen, Situationen oder Episoden der Bibel. Ihren Autoren ging es dabei ganz und gar nicht um die Formulierung von Thesen oder philosophischen Theorien. Im Übrigen haben sie oft ihre Kommentare gar nicht schriftlich festgehalten. Oft stützten sie sich auf alte Texte und wollten anhand des Bibeltextes nur die eine oder andere Weisheit hervorheben, diese oder jene Tugend besonders ans Herz legen oder auf eine bestimmte Verhaltensweise als wichtiges Beispiel hinweisen.

Was hier also folgt, sind kurze Anmerkungen, kleine Geschichten, Kurzkommentare und zuweilen einfach nur geistreiche Formulierungen. Was sie miteinander verbindet, ist, dass sie sich auf die eine oder andere Weise auf eine Erzählung, einen Vers oder zuweilen auch nur auf ein einzelnes Wort oder ein Thema der Bibel beziehen. Dabei handelt es sich im Vollsinn des Wortes um eine mündliche Literatur, die hier in aufgeschriebener Form vorgestellt wird.

Auch heute noch werden überall auf der Welt in den Synagogen diese Kurzkommentare erzählt. Zuweilen werden sie ohne Angabe der Herkunft wiederholt, weil man vergessen hat, wer genau was gesagt hat.

Der Autor dieser Zeilen war von Jugend an verrückt nach diesen kleinen Stückchen, diesen kurzen Gedankensplittern, diesen Aussprüchen und Aphorismen. Von Kindheit an gab es jahrzehntelang keinen Samstag, an dem mein Vater nicht die Gelegenheit genutzt hätte, mir Kommentare zu bestimmten Bibelversen von dem und dem Meister zu zitieren. Und heute geht es mir so, dass ich samstags immer meinen festen Gottesdienstnachbarn in der Synagoge solche Zitate mitbringe. Je nach Stunde und Stimmung tauschen wir in Gottesfurcht und Andacht einfach aus, was uns gerade einfällt. Wir vertrauen uns gegenseitig diese kleinen Kommentare so ähnlich an, wie man einander sorgfältig den Code irgendeines Geheimnisses weitersagt. Damit setzen wir zugleich eine der reichsten Traditionen des Judentums fort und gewährleisten ihr hier und jetzt eine Art von Unsterblichkeit.

Das ist zwar leichte Literatur, aber sie lenkt die Aufmerksamkeit auf die großen Fragen des Lebens: Es geht um die Gesellschaft und die Nation, die Familie und den Einzelnen, die Gerechtigkeit und die Barmherzigkeit. Die Väter der jüdischen Tradition – alle diese Poeten, Philosophen, Schriftsteller, Rabbiner, Erzieher, Gesetzesexperten, Anführer oder Leute aus dem Volk – beschäftigten sich mit diesen Themen, um ihren Mitgläubigen mit gutem Rat beizustehen. Das sind also vor allem Lebensgrundsätze. Und es sind Markierungszeichen für den Weg.

Hinter dem Sammeln dieser kleinen Stücke stand vor allem die Absicht, hie und da Nachdenklichkeit auszulösen, eine Diskussion anzustoßen, zum Nachsinnen anzuregen, und vielleicht auch zum Träumen oder auch zum leisen Lächeln. Bewusst wurden diese beiläufigen Kommentare zu den Bibeltexten gemischt mit Aussprüchen der chassidischen Meister, von denen manche allgemein bekannt sind, andere kaum. Warum? Weil sich ganz offensichtlich auch alle ihre Aussprüche und Aphorismen seit dem Baal Schem Tow bis in unsere Tage, wie sie uns von den verschiedenen Wortführern der chassidischen Saga überliefert sind, ganz natürlich aus Bibelkommentaren ergaben. Die chassidischen Meister gingen am Markttag zum Predigen hinaus, um ihre Botschaft in den von bitterer Armut geplagten Dörfern und *schtetle* Osteuropas zu verkünden. Als Ausgangstext nahmen sie die Perikope der Woche. Sie erzählten außerdem auch von den Helden der Bibel und knüpften daran ihre Unterweisung an. So versuchten sie, ihre Zuhörer anhand der Verstexte im Geist der Demut und Hoffnung, des Muts und der Freude zu stärken.

Schweigen und Hören

Rabbi Meir Jehiel, der Weise von Ostrowska, eines der Genies des polnischen Judentums, war der Sohn eines Bäckers. Er war dafür bekannt, lange Zeiten hindurch zu schweigen. Nur im Fall äußerster Notwendigkeit ließ er ein Wort verlauten. Ein Student fragte ihn nach dem Grund dieses Verhaltens und erhielt zur Antwort: „Ich will es dir erklären. Mein Vater hat mir eines Tages gesagt, worin die Kunst des Bäckers bestehe: Je fester man den Ofen geschlossen hält, desto stärker wird die Hitze darin. Daran denke ich jedes Mal, wenn ich den Mund auftun will."

✡

Ausspruch von David Mosche Tschortakow: „Die Torah hat sechsundsechzig Gesichter. Eines davon ist das Schweigen."

✡

Die Bibel sagt, dass „Jitro, der Priester von Midian und Schwiegervater des Mose, alles das hörte, was Gott für Mose getan hatte" (Ex 18,1). War er also der Einzige, der das hörte? In Wahrheit muss man sagen, dass die Ohren und die Herzen nicht alle gleich viel wert sind. Es gibt solche, die zu hören vermögen, und solche, die das nicht können. Jitro war zu hören willens.

Aus diesem Grund dürfte er im Übrigen gewürdigt worden sein, so dass einer der Abschnitte des Pentateuchs seinen Namen trägt.

✡

Ausspruch des Baruch von Mesbi: „Lieber stumm werden als ein Schönredner sein."

✡

Rabbi Abahu sprach im Namen von Rabbi Jochanan: „Als Gott auf dem Berg Sinai die Torah offenbarte, zwitscherte kein Vogel und keiner flog; keine Kuh muhte; kein Engel bewegte sich von der Stelle; sogar die Seraphim riefen nicht ihr gewohntes ‚Heiliger, dreimal Heiliger!' aus; auf dem Meer regte sich keine Welle und die Menschenwesen sprachen kein Wort aus. Die ganze Welt schwieg und hörte: ‚Ich bin der Ewige, dein Gott!'"

✡

Man kommt und fragt dich, was du von dem und dem Men schen hältst. Du sagst nichts und begnügst dich damit, eine Grimasse zu schneiden. Aber mit einer Grimasse kannst du einen Menschen töten.

Als Rabbi Meir Israel Hakohen mit dem Beinamen der Hafez Haim sein Buch über die „Bewahrung der Zunge" geschrieben und es einem Freund geschickt hatte, erwiderte der ihm: „Warum nur die Zunge? Man kann auch mit einer Gesichtsmiene Ränke schmieden!"

Der berühmte Rabbi musste das zugeben.

✡

Noach war, sagt die Bibel (Gen 6,9), „ein gerechter, untadeliger Mann“. Doch er wurde gewaltig verleumdet. „Das ist der Beweis“, sagte Reb Meir von Premischlan, dass niemand vor den Pfeilen sicher ist, die die Zungen der Menschen abschießen. Daher sollte man diese Verleumdungen nicht zu sehr an sich heranlassen.“

✡

Ausspruch des Naftali von Ropschitz: „Die Leute meinen, die große Würde des Menschen bestehe darin, sich ausdrücken zu können. Ich aber glaube, dass die Fähigkeit zum Zuhören kostbarer ist als alles andere.“

✡

Rabbi Haim von Brisk befand sich mit einem seiner Kollegen in einer Versammlung. Dieser sprach sehr ausführlich, während sich Rabbi Haim äußerst kurz fasste.

Er erklärte: „Mein Kollege braucht eine Stunde für das Nachdenken, um dreiundzwanzig Stunden lang reden zu können. Bei mir ist es umgekehrt. Ich brauche dreiundzwanzig Stunden für das Nachdenken, um eine Stunde lang reden zu können.“

✡

Rabbi Schimon Miroslav wurde gefragt:

„Welchem Umstand verdankst du es, ein so langes Leben gehabt zu haben?“

Er gab zur Antwort:

„Ich habe nie die geringste Beschwerde gegen Gott geäußert. Ich habe mir gesagt: Wenn du in Ruhe alt werden willst, ist es besser, du schweigst. Tust du das nicht, so läufst du Gefahr, dass man dich in den Himmel einberuft, um sich dort deine Argumente anzuhören und sich mit deinen Beschwerden zu beschäftigen."

✡

Den großen chassidischen Meister Mendel von Kozk fragte man: „Wo hast du deine Kunst des Schweigens gelernt?"

Mendel wollte schon antworten, da besann er sich und hielt den Mund.

✡

Ausspruch des Nachman von Braslaw: „Die wissen, reden nicht. Die reden, wissen nicht."

✡

Ausspruch des Mendel von Kozk: „In der Jugend lernt man sprechen. Im Alter lernt man schweigen. Darin liegt die große Schwäche des Menschen: dass er sprechen lernt, bevor er schweigen lernt."

✡

Ausspruch des Seew von Strikow: „Den Mund halten, wenn man nichts zu sagen hat, das heißt beweisen, dass man nicht dumm ist. Gescheit sein aber besteht darin, den Mund zu halten, wenn man etwas zu sagen hat."

✡

Ein Rabbi beobachtete, wie die Gläubigen zur Zeit des Gebets miteinander schwatzten. Da sagte er zu ihnen: „Unsere Weisen waren der Auffassung, beim Patriarchen Isaak sei jedes seiner ‚Besprechungen' Gebet gewesen, wie es heißt: ‚Und Isaak ging aufs Feld hinaus, um sich zu besprechen' (Gen 24,63). Aber ihr, ihr meint, jedes Gebet sei eine Besprechung."

✡

Ausspruch des Rabbi von Ger: „Das Schweigen ist der gewaltigste Ruf der Welt."

✡

Ausspruch des Rabbi Nachman von Braslaw: „Jeden spricht Gott auf andere Weise an: den einen mit einem schlichten Zeichen, den anderen mit lauter Stimme. Das hängt ganz davon ab, wie fern der Mensch von Gott ist."

✡

Die Bibel berichtet über Hagar und ihren Sohn: „Gott hörte den Knaben schreien" (Gen 21,17). Aber im Text ist an keiner Stelle auch nur von einem geringsten Seufzer des Kindes die Rede. „Das kommt daher", sagte Mendel von Worke, „dass es schweigsame Schreie gibt. Sie bringen es fertig, tief in den Himmel vorzudringen. Nur der Herr der Himmel vernimmt sie."

✡

Der Rabbi von Moskau Jaakow Isaias Maza sagte: „Glücklicherweise war unser Meister Mose ein Stotterer. Wäre dies nicht so gewesen, dann wären die Hebräer nicht aus Ägypten freigekommen, denn sie hätten zu viel Zeit mit Diskussionen, Darlegungen, Unterredungen und Streitgesprächen verloren."

✡

An der Stelle, wo die Bibel vom Tod der beiden Söhne Aarons, Nadab und Abihu, berichtet, heißt es, dass ihr Vater „Aaron schwieg" (Lev 10,4).

Nach Shalom Rosenberg steckt in diesem Schweigen ein Hinweis für alle diejenigen, die meinen, sie könnten Geheimnisse der Weltgeschichte erklären: „Es gibt weder eine religiöse noch eine wissenschaftliche Erklärung für die Schoah. Wie war sie möglich? Wir hatten nicht alle die Gelegenheit, bei der Offenbarung auf dem Berg Sinai dabei zu sein, aber umgekehrt konnten wir alle Satan auf die Erde herabsteigen und verkünden sehen, dass er dem jüdischen Volk feind sei. Satan bezeugte so, dass seine Feinde das auserwählte Volk seien. Das ist absurd, aber so ist es.

Die Nazis unterdrückten zahlreiche Völker. Aber uns unterdrückten sie nicht wegen unserer politischen Tätigkeiten und auch nicht deshalb, weil wir eine Gefahr für Deutschland dargestellt hätten, sondern einzig aus dem Grund, weil wir Juden waren. Ja mehr noch: Gesetzt den Fall, die Juden hätten tatsächlich eine biologische oder genetische Gefahr dargestellt – warum mussten sie dann auch das Judentum und seine Bücher vernichten?"

✡

Als Gott Mose mit einer Sendung in Ägypten beauftragte, wandte Mose ein, er sei „ungeschickt im Reden" (Ex 6,12). Ein aus dem Jemen stammender Bibelkommentator schrieb dazu: „Dieser Augenblick beeindruckte die Geschöpfe der gesamten

Welt ganz tief: Wenn es Mose, den Gott hundertfünfundsiebzigmal direkt angesprochen hatte, dabei derart die Sprache verschlug, um wie viel mehr muss das bei uns der Fall sein, wenn Gott uns anspricht."

Die Gabe der Torah

Im Augenblick der Offenbarung gaben die Hebräer alle miteinander und gleichzeitig zur Antwort: „Wir wollen es tun und wir wollen hören" (Ex 24,7). Rabbi Salman Sorozkin sagte: „Welches Glück, dass sie alle gleichzeitig antworteten, denn wenn es anders gewesen wäre, hätte es genügt, dass der eine ‚Ja' gesagt hätte, damit der andere ‚Nein' sagte und ein Dritter ‚Vielleicht'! Wie es heißt, ist das ja die übliche Art der Leute unseres Volkes."

✡

Ausspruch von Juda Halevi: „Warum ist im ersten der Zehn Gebote vom Auszug aus Ägypten die Rede und nicht von der Erschaffung der Welt? Deshalb, weil die Juden den Auszug aus Ägypten mit eigenen Augen gesehen hatten, die Erschaffung der Welt aber nicht …"

✡

Elijah Ben Salomon Salman, genannt der Gaon von Wilna (1787–1859), kommentierte den Vers Genesis 1,26 so: „Gott sprach: ‚Lasst uns den Menschen machen.' Das will heißen: Machen wir ihn zusammen mit der ganzen Schöpfung. Und er soll die

Zurückhaltung der Katze mitbekommen, die Klugheit der Ameise, die Stärke des Leoparden, den Mut des Löwen, die Umsicht des Adlers ..."

✡

Ausspruch von Rabbi Mosche Schreiber, genannt der Chatam Sofer: „Wenn auch ich Gott zum Meister hätte, dann wäre auch ich der Prophet Mose. Da werdet ihr mich fragen, warum ich denn nicht Gott zum Meister habe. Weil ich nicht Mose bin!"

✡

Die Bibel sagt uns über Mose, den größten der Propheten, dass er „die Schafe und Ziegen seines Schwiegervaters Jitro weidete" (Ex 3,1). Zur Prophetie kann ein Mensch nur dann gelangen, wenn er abgesondert im Schoß der Natur lebt, auf den Feldern und in den Wäldern. Dort kann er die Wunder der Natur bestaunen und sich besser der Existenz Gottes bewusst werden.

✡

Ausspruch des Mosche Leib von Sassow: „Der erste Vers der Bibel bedeutet, dass am Anfang, vor allem anderen, der Mensch wissen muss, dass ‚Gott den Himmel und die Erde erschuf.'"

✡

Die Bibel sagt, die Gesetzestafeln seien „auf beiden Seiten beschrieben" gewesen (Ex 32,15). Wahrlich, auf der einen Seite stand das allen offenbarte Gesetz, und auf der anderen der aus Geheimnissen bestehende esoterische Text.

✡

Ausspruch des Meir Ben Gedalia von Lublin: „Unser Meister Mose war ein Stotterer. Warum? Damit die Leute nicht behaupten könnten, die Hebräer seien bloß von seiner Sprachgewalt betört gewesen, als sie ausriefen: ‚Wir wollen es tun und wir wollen hören.'"

✡

Ausspruch des Nachman von Braslaw: „Im ganzen Buch ist das Porträt seines Autors eingezeichnet."

✡

Ausspruch des Mendel von Kozk: „Warum redet man vom Tag der Gabe der Torah und nicht vom Tag ihrer Entgegennahme? Weil die Gabe für alle die Gleiche war, die Entgegennahme dagegen recht unterschiedlich ist …"

✡

Ausspruch des Mendel von Kozk: „Die Freiheit eines Menschen ist wichtiger als die Torah."

✡

Elieser ben Hanina sagte, durch sechsundzwanzig Generationen hindurch habe sich der Buchstabe *Aleph* unaufhörlich bei Gott beschwert:

„Meister der Welt! Ich bin der erste Buchstabe des Alphabets. Aber du hast den biblischen Bericht mit dem Buchstaben *Beth* anfangen lassen statt mit mir. Warum? Was habe ich dir getan? Worin besteht mein Vergehen?"

Gott habe schließlich zur Antwort gegeben: „Die Welt wurde nur im Hinblick auf die Gabe des Gesetzes erschaffen. Und ich verspreche dir, wenn ich die Zehn Gebote auf dem Berg Sinai verkünden werde, dann werde ich sie mit dir, dem Buchstaben *Aleph*, anfangen lassen!"

✡

„Und der Berg brannte: Feuer bis ins Herz des Himmels hinauf." Rabbi Alexander erklärte diesen Vers des Deuteronomiums (4,11) so: „Die Torah brennt vom Feuer der Begeisterung, bis das Herz des Menschen so weit ist, dass es an den Himmel rührt."

✡

„Hat der Himmel wirklich ein Herz?", fragte sich Mendel von Kozk angesichts dieses Verses. Und er gab zur Antwort: „Das Feuer des Berges Sinai war derart stark, dass die Herzen aller derer, die dabei waren, zum Herzen des Himmels wurden!"

✡

Als Gott den Kindern Israels das Gesetz geben wollte, fragte er sie: „Wollt ihr es haben?"

Sie gaben zur Antwort: „Ja!"

Da sprach Gott:

„Wer kann mir gewährleisten, dass ihr es tatsächlich anwenden werdet?"

„Unsere Patriarchen Abraham, Isaak und Jakob!"

„Aber wisst ihr nicht, dass auch sie jemanden brauchen, der für sie gewährleistet?"

„Dann sollen es unsere Kinder für uns gewährleisten!"

Damit erklärte sich Gott zufrieden.

✡

Ein Minister fragte Salmen von Liadi (den ersten Rabbi von Lubawitsch), der im Gefängnis saß:

„Warum freut ihr Juden euch jedes Mal derart, wenn ihr die Lesung des ganzen Pentateuchs abschließt, wo es doch am Ende des Deuteronomiums heißt, dass Mose starb? Mir scheint, da solltet ihr doch eher Tränen vergießen!“

„Wahrlich, wir freuen uns gerade deshalb, weil uns der Pentateuch berichtet, Mose sei tot. Denn hätte er für immer gelebt, so hätten sich manche vorgestellt, er selbst sei Gott und das sei der Grund, weshalb er für uns so viele Wunder gewirkt habe. Fortan aber wissen wir, dass er nur der Gesandte Gottes war!“

✡

Es steht im Deuteronomium (1,5) geschrieben, Mose habe sich darangemacht, die Lehre der Torah aufzuschreiben. Und Raschi erläutert, Mose habe sie dem Volk „in siebzig Sprachen“ übersetzt. Was soll das heißen? Wozu brauchten die Hebräer es, dass ihnen die Torah in derart viele Sprachen übersetzt wurde, die sie doch überhaupt nicht sprachen und verstanden?

Nach Rabbi Jakob Zwi von Kellenburg wollte Raschi damit sagen, dass Mose dem hebräischen Volk die siebzig Gesichter der Torah gezeigt habe, das heißt die vielfältigen und unterschiedlichen Auslegungsmöglichkeiten, die die Torah biete.

✡

Nachdem Gott ihm versprochen hatte: „Dein Lohn wird sehr groß sein“ (Gen 15,1), „glaubte“ der Patriarch Abram – aus dem noch nicht Abraham geworden war – „dem Herrn“, heißt es im biblischen Bericht (15,6).

Professor Jeschajahu Leibowitz fragte sich: Warum hatte es Gott nötig, den Glauben Abrahams noch einmal mit der Geschichte von der Fesselung Isaaks zu überprüfen? Ging es darum, zu erkennen, worin der Glaube des Patriarchen Abraham bestehe? Ob er darin bestehe, auf seine Belohnung zu hoffen? Hatte die Prüfung mit der Fesselung Isaaks dazu gedient, diese Frage zu klären? Hier habe Gott von Abraham alles gefordert, ohne ihm irgendeinen Lohn zu versprechen. Und Abraham habe diese Prüfung ohne die geringste Bedingung angenommen.

„Diese biblische Erzählung diente nicht dazu, Gott irgendeine Information über die Natur des Glaubens des Patriarchen zu liefern, sondern es ging einzig darum, den kommenden Generationen zu zeigen, wie der Glaube des ersten Menschen in der Geschichte, der von der Bibel als ‚der Hebräer' bezeichnet wird, beschaffen war."

✡

Einer der originellsten jüdischen Denker, Meir Simha Hakohen, fragte sich, wie Mose es habe wagen können, die Gesetzestafeln zu zerbrechen, wenn diese doch grundsätzlich heiliger als jeder andere Gegenstand waren. „Vor allem darf man sich nicht vorstellen, der Tempel von Jerusalem sei seiner Substanz nach heilig. Im Gegenteil, die Menschen sind es, die ihn heiligen. Wenn diese den Bund nicht achten, gibt es keine Heiligkeit mehr. So betrat Titus in Begleitung einer Prostituierten das Allerheiligste, und es geschah ihm überhaupt nichts Schlimmes. Die Gesetzestafeln selbst sind nur in dem Maß heilig, in dem man das einhält, was darauf geschrieben steht. Nichts auf der Welt ist heilig, außer Gott!"

✡

Eine der höchsten geistlichen Autoritäten des marokkanischen Judentums, Rabbi Haim Ben Attar (18. Jahrhundert), Autor des Bibelkommentars *Or Hahaim* („Licht des Lebens") und bekannt als einer der hervorragendsten Kabbalisten, fragte sich, wie Joseph, der Vizekönig von Ägypten, den Traum des Pharao habe deuten können. War er ein Wahrsager gewesen?

„Joseph hat den Sinn des Traums des Pharaos begriffen, als er sich den Bericht darüber genau anhörte. Es heißt ja: ‚Aus dem Fluss stiegen sieben Kühe' (Gen 41,2), wo es doch logischer gewesen wäre, zu schreiben: ‚Sieben Kühe stiegen aus dem Fluss.' Aber damit sollte angedeutet werden, dass die Existenz dieser Kühe ganz und gar vom Fluss und seinem Wasser abhing. Von daher konnte er dann den Traum deuten."

✡

Der große Philosoph Maimonides erklärte bezüglich der in den Prophetenbüchern beschriebenen Visionen, dass diese nicht objektive Tatsachen gewesen seien, sondern die im Bewusstsein des Propheten präsente Schau von Ereignissen. Das Gleiche gelte für die Begegnung des Patriarchen Jakob mit „Gott von Angesicht zu Angesicht" (Gen 32,31). Nach Maimonides bedeutet dieser Traum den Kampf, den jeder Mensch täglich gegen sich selbst und mit Gott führen müsse.

Nachmanides, der andere große Meister des spanischen Judentums (13. Jahrhundert), widersprach dieser Auslegung und fragte: „Wenn sich diese biblische Begebenheit tatsächlich nur im Kopf des Jakob abgespielt haben sollte, warum sagt dann die Bibel ausdrücklich: ‚Er hinkte an seiner Hüfte, … denn er hatte Jakob auf den Hüftmuskel geschlagen' (Gen 32,32–33)?"

Darauf gab der Sohn von Maimonides zur Antwort: „Das war nur die Folge einer psychosomatischen Auswirkung, die der Patriarch Jakob zu spüren bekam!"

✡

Als Gott sich vornahm, den Menschen zu erschaffen, sagten die Engel zu ihm: „Erschaffe ihn nicht. Es wird nichts als Streitereien geben!"

Aber als Gott beobachtete, dass sich selbst die Engel untereinander darüber uneins waren und sich ausgiebig über diese Frage stritten, beschloss er, auf ihren Rat nicht zu hören. Schließlich kann man vom Menschen nicht verlangen, dass er besser sei als die Engel.

✡

Jeschajahu Leibowitz sagte: „Es gibt zwei Weisen, den Glauben zu haben: Es gibt solche, die an Gott glauben, und solche, die an die Hilfe Gottes glauben. Der Richter Haim Kohen, in Israel eine angesehene intellektuelle Persönlichkeit, sagte mir eines Tages, nach Auschwitz habe er den Glauben an Gott verloren. Ich entgegnete ihm, dann habe er ihn nie gehabt; denn er habe in Wirklichkeit an die Hilfe Gottes geglaubt, und da sie nicht eingetroffen sei, habe ihn das enttäuscht. Der wahre Glaube aber hänge in keiner Weise von der Hilfe ab, die Gott einem geben könne oder nicht."

Studieren

Levi Jizchak von Berditschew sagte: „Die Torah beginnt mit dem Buchstaben *Beth*, genau wie alle Traktate des Talmud mit der Seite 2 beginnen. Damit soll gesagt werden, dass man am Ende seines Wissens weiß: Man ist noch nicht einmal beim ersten Buchstaben, dem *Aleph*, angekommen, und um sich zu merken, dass es in allem und für alles darum geht, zu wissen, dass man nichts weiß."

✡

Was ist der Unterschied zwischen dem Studium und dem Gebet? Wenn man betet, spricht man mit Gott; wenn man studiert, spricht Gott zu einem!

✡

Eisik Harif wurde gefragt:

„Wie viel Prozent intelligente Menschen gibt es unter den Juden?"

„Nicht weniger als zehn Prozent, denn, wie die Bibel sagt, ernannte Mose für je zehn Juden einen Verantwortlichen."

„Und wie hoch ist der Prozentsatz der Dummen?"

„Nicht weniger als zehn Prozent, denn für je zehn Juden ist ein Amtsdiener vorgesehen."

✡

Die Torah beginnt mit dem Buchstaben *Beth* und endet mit dem Buchstaben *Lamed*. Diese beiden Buchstaben bilden das Wort „Herz“ (*lev*). Das bedeutet, dass sich Gott an unser Herz richtet. Und dass man die Bibel nicht wirklich verstehen kann, wenn man sich nicht von ganzem Herzen mit ihr beschäftigt.

✡

Ausspruch des Levi Jizchak von Berditschew: „Die Torah, das sind nicht nur die schwarzen Buchstaben, die den Text bilden. Das sind auch die weißen Zwischenräume zwischen den Buchstaben, also die Zeichen, die wir nicht zu lesen vermögen. In der kommenden Welt, wenn der Messias erscheinen wird, wird uns der Sinn dieser weißen Räume und dieser Zeichen offenbart werden.“

✡

Der Baal Schem Tow fragte eines Tages seinen Schüler Dow Ber von Mesritsch:

„Kannst du studieren?“

„Ja!“

„Kennst du auch die Wissenschaft der Kabbala?“

„Ich glaube schon.“

Da reichte der Meister seinem Schüler das Buch *Ez Haim* („Der Baum des Lebens“) von Chaim Vital (des Schülers von Isaak Luria, der wichtigsten Autorität der modernen Kabbala) und forderte ihn auf, eine Stelle zu kommentieren. Der Schüler tat das, aber der Baal Schem Tow sagte dazu kein Wort.

„Wenn ihr eine andere Erklärung für diesen Text kennt, bin ich bereit, sie zu hören!“, sagte Dow Ber von Mesritsch.

Der Baal Schem Tow wiederholte Wort für Wort den Kommentar seines Schülers, aber während er sprach, wirkte es, als kämen aus seinem Mund glühende Kohlen.

„Dein Kommentar ist gut", setzte der Baal Schem Tow schließlich hinzu, „aber ich muss dir sagen, dass das Wesentliche fehlt: die Seele und das Feuer, die ihn erhellen und ihm seine Bedeutung verleihen."

✡

Ein jüdischer Kaufmann bat Rav Israel Salanter um Rat:

„Rabbi, ich kann dem Studium nicht mehr als eine Stunde pro Tag widmen. Was soll ich da studieren, den Talmud oder die Moral?"

„Es ist besser, du verwendest diese Stunde zum Studieren der Moral, denn dabei wirst du lernen, wie du täglich drei freie Stunden für das Studium des Talmuds finden kannst."

✡

Bunam von Pzysha sagte zu seinen Schülern von einem bestimmten Menschen, dass dieser von der Kabbala keine Ahnung habe.

„Er steht aber im Ruf, ein Fachmann dafür zu sein!"

„Ein Fachmann mag er ja sein, auf die gleiche Art, wie es Leute gibt, die genau die Städte kennen, weil sie die Karten studiert haben; aber in Wirklichkeit kennen sie nicht die Seele der jeweiligen Stadt. Der Mensch, von dem ihr sprecht, hat noch nie die Stadt der Kabbala besucht. Aber man muss die Lichter der Kabbala ganz tief auf sich wirken lassen, um sie zu begreifen. Das ist der Grund, weshalb der Sohar zu diesem Thema sagt: ‚Komm und sieh!' (*ta hase*), während man in den Berichten des Talmuds sagt: ‚Komm und höre!' (*ta schema*)."

✡

Ausspruch des Rabbi Gerschon: „Wer immer sich als Kabbalist ausgibt und es nicht versteht, die Theorien der Kabbala so zu erklären, dass sie ein sechsjähriges Kind begreift, ist ein abgebrühter Schwindler."

✡

Ausspruch des Dow Ber von Mesritsch: „Zuweilen muss man in der warmen Asche stochern, um eine Flamme zu bekommen."

✡

Seew von Strikow sagte: „Ein oder zwei Jahre genügen dem Menschen, um eine Fremdsprache zu verstehen, aber ich bezweifle, ob ihm siebzig Jahre ausreichen, damit er seine eigene Sprache versteht."

✡

„Das sind die Worte, die Mose vor ganz Israel gesprochen hat" (Dtn 1,1).

Rabbi Israel von Rischin sah in diesem Bibelvers eine Lektion über die richtige Vermittlung. Wenn Mose zum Volk sprach, habe er ihm immer Worte der Weisheit und der Moral mitzuteilen gehabt, jedoch habe er es verstanden, diese mit Geschichten und Erzählungen oder Anekdoten oder Hinweisen auf die Irrungen der Hebräer zu verknüpfen. Mose habe damit den künftigen Lenkern des Volkes die Anleitung hinterlassen: Seht, auf diese Weise muss man die Torah lehren. Man muss sie mit Legenden und Geschichten ausschmücken, die die Gläubigen ansprechen. Nur so werden sie das Wesentliche der Lehre behalten.

✡

Als Rabbi Jakob in Lissa zum Rabbiner ernannt wurde, hatte er einige Gegner. Er fragte sie: „Was werft ihr mir vor? Haltet ihr meine Kenntnisse wirklich für so unzureichend?"
„Nicht das ist es, was uns stört, Rabbi. Es ist, dass Sie noch sehr jung sind!"

„Wenn das der einzige Fehler ist, den ihr an mir findet, dann kann ich euch versichern, dass er nach und nach kleiner werden wird. Ich verspreche euch, jedes Jahr ein bisschen weniger jung zu werden!"

✡

Ausspruch des Nachman von Braslaw: „Jede der Weisheiten der Welt hat ihre eigene Melodie."

✡

Ausspruch des Mendel von Kozk: „Der Psalmist sagt: ‚Saget Dank dem, der die Himmel mit Weisheit gemacht hat.' Mit Weisheit? Mit was sonst denn hättet ihr gewollt, dass der Himmel hätte gemacht werden sollen? Etwa mit Nadel und Faden? In Wirklichkeit will der Psalmist damit sagen: Gott hat den Himmel gemacht, damit der Mensch ihn mit Weisheit betrachte und dank seiner das Ziel der Welt erkenne."

✡

Laut einer Legende wandte sich die Torah an Gott und sagte zu ihm: „Was soll aus mir werden, wenn sich die Kinder Israels erst einmal in ihrem Land einrichten und sich dann jeder mit seinem Weinberg beschäftigen wird? Wer wird dann noch mir die geringste Beachtung schenken?"

Gott gab ihr zur Antwort: „Ich habe vorgesehen, dass du den Samstag, den Sabbattag, zum Gefährten haben sollst: Die Juden arbeiten an diesem Tag nicht und können sich in Muße mit dir beschäftigen!"

✡

Ein Schüler eines chassidischen Meisters sagte zu einem anderen: „Euer Rabbi sagt über die Torah Dinge, die bis zum Himmel reichen. Unser Rabbi hat uns Torahkommentare geliefert, die bis ins innerste Mark gehen."

✡

Ausspruch von Zadok Hakohen von Lublin: „Die Welt ist das Buch Gottes und die Torah ist der Kommentar dazu."

✡

Von Jonathan Ben Usiel, dem Schüler von Hillel, sagte man, wenn er die Torah studiert habe, sei von ihm ein derartiges Feuer ausgegangen, dass die über ihm vorbeifliegenden Vögel bei lebendigem Leib verbrannt worden seien.

Mendel von Kozk sagte darüber: „Wenn schon der Schüler so war, wie musste das dann erst beim Meister Hillel selbst gewesen sein? Wahrlich, dessen Größe ging so weit, dass er das Feuer hütete und unsichtbar bleiben ließ, so dass die Vögel nach Belieben über ihm fliegen konnten."

✡

Ein Rabbiner des 19. Jahrhunderts, Saul Natanson, sagte eines Tages zu seinen Schülern: „Ich weiß, dass ihr mich für einen Menschen haltet, der unaufhörlich studiert. Aber ihr täuscht euch! Es gab ehedem einen Mann – das war der Gaon von Wilna –, dem die Vorstellung schrecklich vorkam, man könne seine Zeit etwas anderem widmen als dem Studium der Torah. Daher hatte er sich ein kleines Heft zugelegt, in dem er sorgfältig alle die Zeiten aufschrieb, in denen es ihm passiert war, etwas anderes zu tun, als die Torah zu studieren. An jedem Vorabend des Jom Kippur öffnete er dieses Heft, rechnete die im Lauf des Jahres versäumte Zeit zusammen, brach dann in Weinen aus und erflehte Gottes Vergebung.

Nach seinem Tod war jemand so neugierig, dieses Heft durchzublättern. Er stellte fest, dass die Gesamtsumme der Zeit, die der Meister für etwas anderes als das Studium der Torah verloren hatte, nicht mehr als drei Stunden betrug."

✡

Ein Mann kam zu Mendel von Kozk, um einen Segen zu empfangen:

„Rabbi, segnen Sie mich, damit meine Kinder fleißig die Torah studieren!"

„Du selbst musst sie studieren, damit sie sich an dir ein Beispiel nehmen. Ohne dieses werden sie sich damit begnügen, ihrerseits darum zu beten, dass ihre Kinder die Torah studieren möchten!"

✡

Warum nennt man die, welche intensiv die Torah studiert haben, „Jünger der Weisen"? Damit sie wissen, dass sie immer noch Schüler sind und weiterhin fest studieren müssen!

✡

Arye Leib von Ger starb im Alter von neunzig Jahren. Als er in seiner Bibliothek in einem der Bücher hatte etwas nachsehen wollen, waren ihm zahlreiche Bände aus dem Regal auf den Kopf gefallen und hatten ihn schwer verletzt. Auf dem Sterbebett fand er noch die Kraft, um scherzhaft zu allen seinen um ihn versammelten Freunden zu sagen: „Mein ganzes Leben lang habe ich mich immer auf die Bücher gestürzt, um sie zu verschlingen. Kein Wunder, dass sie sich jetzt gerächt haben und sich auf mich gestürzt haben!"

✡

Ausspruch des Eisik Harif: „Das Tier füllt sich den Bauch. Der Mensch muss sich den Kopf füllen."

✡

Mendel von Kozk stellte die Frage: „Was bedeutet die Feier des Festes der Freude an der Torah (*Simchat Torah*)? Könnte sich denn jemand über das freuen, was er gelernt hat? Wäre er da nicht viel zu selbstgefällig? Wahrlich, es handelt sich um die Freude der Erkenntnis, dass, wenn man am Ende des Pentateuchs angekommen ist, man davon noch nicht einmal den Anfang kennt!"

Menachem von Tschernobyl dagegen befand, bei der in Frage stehenden Freude handle es sich um die Freude, die die Torah empfinde, wenn sie sehe, wie gern die Juden sie studierten.

✡

Ausspruch des Abraham Ibn Esra: „Wer immer an Dinge glaubt, die im Gegensatz zum Verstand und zur Vernunft stehen, verachtet damit das schönste Geschenk, das Gott ihm gemacht hat."

✡

Ausspruch des Nachman von Braslaw: „Da, wo die Logik aufhört, fängt der Glaube an."

✡

Nach Shalom Rosenberg ist das Kommentieren der Bibel ganz wesentlich das, was die kollektive Seele der Juden und auch jeden einzelnen Juden geformt habe. „Gott ist nicht besonders von den sieben Weltwundern beeindruckt, und auch nicht von der postmodernen Architektur, die uns faszinieren will … Wenn ich den Spuren nachgehe, die die Patriarchen und Matriarchinnen meines Volkes in meinem Land hinterlassen haben, so finde ich da keine Triumphbögen und keine Pyramiden von Sklavenhäusern. Als der König Jojakim einen Palast bauen wollte, rief der Prophet Jeremia über ihn aus: ‚Weh dem, der seinen Palast mit Ungerechtigkeit baut, seine Gemächer mit Unrecht, der seinen Nächsten ohne Entgelt arbeiten lässt und ihm seinen Lohn nicht gibt …' (22,13). Meine archäologischen Spuren finde ich zuallererst einmal in einem Buch eingeschrieben, nämlich in den Worten der Propheten, und erst dann in den Steinen."

Beten

Eines Tages fragte man den großen chassidischen Meister Jehuda Zwi von Stretin:

„Wie können Sie sich in Ihren Gebeten an alle Namen und besonderen Anliegen aller derer erinnern, die Sie um Ihr Fürbittgebet bitten?"

„Wahrlich, es ist nicht notwendig, dass ich sie alle namentlich aufzähle. Wenn mir jemand seinen Schmerz anvertraut, eignet sich mein Herz diesen so an, dass er darin eine Furche gräbt. Folglich muss ich dann, wenn der Augenblick des Gebets kommt, nur mein zerfurchtes Herz öffnen. Ich bete dann inständig zu Gott: ‚Sieh diese Furchen an!' Und das genügt."

✡

„Die ganze Zeit, seit Sie die Synagoge betreten haben, Rabbi, haben Sie kein einziges Wort gesagt, während die Leute um Sie herum alle beten!"

„Das ist wahr. Aber seit ich die ersten Worte des Offiziums ausgesprochen habe: ‚Ich werfe mich vor Dir nieder', muss ich immer nur über die Bedeutung dieses ‚Ichs' und dieses ‚Dirs' nachdenken …"

✡

Aus welchem Grund wiegen sich die Juden beim Verrichten ihrer Gebete ständig vor und zurück? Nach dem Dichter und Theologen Juda Halevi ist die Erklärung ganz einfach: Anfangs war es oft so, dass es an Büchern fehlte und zehn Juden gemeinsam aus einem Buch beten mussten. Daher mussten sie sich ständig vor- und zurückbeugen, um den Text entziffern zu können.

In der Folge blieb diese Gewohnheit erhalten …

✡

„Die Stimme ist diejenige Jakobs, aber die Hände sind diejenigen Esaus" (Gen 27,22). Zu diesem Bibelvers sagte ein Meister aus der jüdischen Tradition: „Es gibt Juden, die vollkommen sind, wenn es darum geht, zu beten und seine Stimme zu geben. Aber umgekehrt fallen sie aus, wenn es darum geht, dass die Hand den Armen und Bedürftigen ein wenig Geld reichen sollte."

✡

Im Psalm 130 heißt es: „Herr, höre meine Stimme!" Nach einem chassidischen Meister heißt das: „Höre die Worte, die in meiner Stimme stecken, die ich aber nicht zu formulieren vermag; die Worte, die ich im Herzen trage, aber die nicht den Ausgang daraus finden."

✡

„Sie sollen mir ein Heiligtum machen, damit ich in ihrer Mitte wohne" (Ex 25,8). Mendel von Kozk erklärte diesen Bibelvers so: „Jeder Mensch muss in seinem Inneren einen heiligen Raum schaffen, in dem die göttliche Gegenwart wohnen kann."

✡

Den Psalmvers „Mein Gebet steige zu Dir, Ewiger, im gelegenen Augenblick empor“ (69,14) kommentierte Rabbi Arie Leib von Ger so:

„Was bedeutet die Redewendung ‚im gelegenen Augenblick‘ im Zusammenhang mit Gott? Wollte man glauben, es gebe bei ihm Augenblicke, die ihm gelegen sind, und andere Augenblicke, die ihm nicht gelegen sind? In Wahrheit geht es hier um den Menschen. Es gibt Tage, die sind leer, und Tage, die sind erhaben. Es gibt Augenblicke, in denen das Herz des Menschen einem Blumenstrauß gleicht, und andere, in denen es wie eine vertrocknete Knospe ist. In diesem Vers bitten wir Gott darum, unser Herz möge für den Glauben und das Vertrauen offen sein.“

✡

Ausspruch des Mendel von Kozk: „Wenn man sich auf einer Leiter befindet, achtet man vor dem Weitersteigen sorgfältig darauf, dass man nicht Gefahr läuft, hinunterzufallen. Genauso muss man sich im Dienst Gottes verhalten: Man muss vorsichtig eine Sprosse um die andere höhersteigen.“

✡

Rabbi Susja betrat am Kippurtag die Synagoge zur Stunde des Abendgebets *Kol Nidre.* Er sah ernst dreinblickende Gesichter, manche mit Tränen. Die Inbrunst der Gläubigen war groß. Da trat er zum Schrein, in dem man die Schriftrollen des Gesetzes birgt, und sprach: „Meister der Welt, müssten nicht schon diese Inbrunst und diese glühende Hingabe ans Gebet den Umstand rechtfertigen, dass die Juden Sünden begehen? Denn hätten sie nicht gesündigt – könntest Du mir da sagen, woher Du derart schöne und ergreifende Gebete zu hören bekämest?"

✡

Ausspruch des Mendel von Kozk: „Warum heißt es, man solle mit Ernst beten? Gibt es denn in der Welt etwas, das man ohne Ernsthaftigkeit tun könnte?"

✡

Die Gläubigen kamen in Scharen zu Mendel von Kozk, um ihn um ein Gespräch zu bitten; aber er war bekannt dafür, dass er jedes Mal nur eine ganz kleine Anzahl empfing. Eines Tages ließ sein Assistent ins Zimmer des Rabbi einen einfachen Bauern treten, während etliche angesehene Leute schon seit Stunden darauf warteten, empfangen zu werden. Der Bauer bat den Rabbi, darum zu beten, dass seine kranke Kuh wieder gesund werde, weil von ihr der Lebensunterhalt seiner ganzen Familie abhänge.

„Was", begehrten die Leute im Warteraum auf, „soll das heißen, dass wir hier warten müssen, während der Rabbi um die Gesundheit einer Kuh betet?"

Da entgegnete Mendel von Kozk: „Ich empfange lieber einen Juden, der von einer Kuh spricht und dabei an eine Kuh denkt, als gewisse Gläubige, die von Gott sprechen und dabei an ihre Kuh denken!"

✡

Ausspruch von Mordekai Yossef: „Es steht geschrieben: ‚Ihr habt mit dem Herrn gehadert' (Dtn 9,24). Man hätte ‚gegen den' schreiben müssen statt ‚mit dem'. Aber das bedeutet zweifellos, dass ein Jude hadern und trotzdem auf Seiten des Herrn bleiben kann."

✡

Jakob Jizchak von Lublin erklärte einmal seinen Schülern, wie man dem Herrn dienen müsse, so: „In den Dienst Gottes gibt es verschiedene Eingänge. Jede ihrer Türen lässt sich mit einem Schlüssel aufschließen, der der Eigenart des Menschen entspricht, welcher einzutreten wünscht. Es gibt Türen, die die Freude öffnet, und Türen, die sich nur mittels Tränen öffnen lassen. Es gibt Türen, die sich erst auftun, wenn man Worte des Lobpreises gesprochen hat, und andere, die sich nur mit inständigen Bitten, Eingeständnissen und Bekenntnissen öffnen lassen. Es gibt Türen, die nur die Liebe durchlassen, und andere, durch die nur die Gottesfurcht eintreten kann."

✡

Von einem derjenigen, die Schüler des Baal Schem Tow gewesen waren, ist die folgende Geschichte überliefert: „Eines Tages erzählte uns der Baal Schem Tow, dass in einem Dorf unweit von Medsibosch ein ganz gewöhnlicher Jude lebe, der jedoch einer der großen Gerechten seiner Generation sei.

Wir gingen hin, um diesen Dörfler kennen zu lernen. Er wusste nichts über die Torah. Er kannte nur das *Aleph-Beth* und sprach dieses Alphabet den ganzen Tag auf den Feldern vor sich hin. Als er es ganz gelernt hatte, hatte er zu Gott gesagt: ‚Meister der Welt, du hast das Alphabet geschaffen, mit dem sich die Wörter formen lassen, die Gebete, der Lobpreis und die Bitten. Ich weiß ganz und gar nicht, wie ich zu dir beten soll. Darum will ich vor dir einfach immer wieder alle Buchstaben des Alphabets aufsagen. Daraus kannst du ja dann selbst die richtigen Gebete machen!'"

✡

Rabbi Mosche Leib von Sassow war eines Tages im Gebirge und hörte einen Hirten gerade einen Psalm singen. Er ging in dessen Richtung, und als er mit ihm auf gleicher Höhe war, verstand er, wie der Hirte sprach:

„Meister der Welt, genau wie ich mich als treuer Hirte meiner Herde betätige, so könntest doch auch du deine Herde Israel getreu führen."

„Du musst wissen", sagte da der Rabbi zu ihm, „dass im Ritual ein spezielles Gebet vorgesehen ist, das man nach dem Rezitieren der Psalmen sprechen muss."

Der Hirte erwiderte: „Von jetzt an werde ich das Gebet sprechen, das Sie mir nennen."

Kaum hatte sich der Rabbi wieder entfernt, da hörte er eine Stimme vom Himmel, die zu ihm sagte: „Kehre auf der Stelle um und sage diesem Hirten, dass er die Rezitation der Psalmen mit seinem eigenen Text abschließen kann, denn dieser hat bei Gott genauso große Gnade gefunden wie die Psalmen Davids selbst."

✡

Ausspruch des Rabbi von Kosniz: „Nicht deshalb, weil zehn Juden in der Synagoge gemeinsam beten, ist das Gebet öffentlich. Tatsächlich betet jeder im Hinblick auf seine eigenen Bedürfnisse: der eine für seinen Olivenhain, der andere um sein Auskommen, ein Dritter, um zu Ehren zu gelangen, und ein Vierter, um es zu Reichtum zu bringen. Das wahre öffentliche Gebet kommt dann zustande, wenn zehn Juden sich in der Absicht vereinen, miteinander die Einheit Gottes zu besingen: ‚Der Ewige ist unser Gott, der Ewige ist Einer.'"

✡

„Ihr sollt vor mir heilige Menschen sein“ (Ex 22,30). Der Rabbi Mendel von Kozk erklärte diesen Bibelvers so: „Gott verlangt von den Menschen, dass sie ihre menschlichen Handlungen heiligen: Das ist in Wahrheit die Heiligkeit, die er will. Er will nicht, dass wir Engel seien. Davon gibt es im Himmel schon genug.“

✡

Ausspruch des Pinchas von Koriz: „Noch nie war ich darauf aus, von Gott etwas Bestimmtes zu erhalten. Ich nehme einfach das an, was er mir gibt.“

✡

Ausspruch des Yeheskel von Kusmir: „Wer immer meint, es sei nicht notwendig, die Gebote in die Tat umzusetzen, sondern Gott verlange einzig dies, dass man ein reines Herz und gute Absichten habe, der wird auch von Gott nur mit guten Absichten belohnt werden.“

✡

Rabbi Mendel von Kozk sagte, jeder Mensch, der sich zum Gebet anschicken wolle, müsse zuvor erklären, dass er das Gebot annehme: „Du sollst deinen Nächsten lieben wie dich selbst.“ Außerdem dürfe es in seinem Gebet nicht ausschließlich um etwas für ihn ganz Persönliches gehen, denn sonst stelle dieses eine Form von Diebstahl dar.

✡

Ausspruch des Mosche Leib von Sassow: „Ist euch schon die folgende Merkwürdigkeit aufgefallen: Wenn sich neun der weisesten Männer des Volkes Israel zusammentun, alle hochgelehrt und voller Gottesfurcht, dann genügt ihre Zahl nicht, um ein öffentliches Gebet verrichten zu können. Aber es genügt, wenn sich zehn ganz einfältige Menschen zusammentun, die womöglich sogar Analphabeten sind, damit dieses öffentliche Gebet stattfinden kann."

✡

Ausspruch des Baal Schem Tow: „Wenn du wahrhaft Gott liebst, dann erkennt man das an deiner Liebe zu den Menschen."

✡

Als Naftali von Ropschitz noch ein Kind war, sagte eines Tages jemand zu ihm:

„Ich gebe dir einen Taler, wenn du mir sagst, wo Gott ist."

Da erwiderte er: „Und ich gebe dir zwei Taler, wenn du mir sagst, wo er nicht ist."

✡

Ausspruch des Mendel von Kozk: „Genau so, wie der Mensch seinen Schöpfer anfleht, vor ihm die Tore des Himmels zu öffnen, so fleht Gott den Menschen an, ihm die Tore seines Herzens zu öffnen."

✡

Ausspruch des Baal Schem Tow: „Sogar das Blatt am Baum, das vom Wind bewegt wird, ist ein Ausdruck des Willens Gottes."

✡

Warum beruft man sich in der jüdischen Liturgie tagtäglich auf „den Gott Abrahams, den Gott Isaaks und den Gott Jakobs"? Warum sagt man nicht: „Gott Abrahams, Isaaks und Jakobs"?

Das tut man deshalb, um darauf hinzuweisen, dass jeder der Patriarchen aus eigenen Kräften und dank eigenen Nachdenkens zur Erkenntnis Gottes gelangt ist. Jeder hat seine eigene Art und Weise, Gott anzubeten.

✡

Jakob Jizchak von Lublin sagte: „Ein Gott, dem man ausschließlich auf eine einzige Weise dienen könnte – was wäre denn das für ein Gott?"

✡

Mendel von Kozk sagte: „Es heißt, die Wege Gottes seien undurchschaubar. Das ist ganz sicher so. Ich hätte mich auf keinen Fall darauf eingelassen, einem Gott zu dienen, dessen Wege ganz im Rahmen des menschlichen Begreifens geblieben wären."

✡

Ausspruch des Nachman von Braslaw: „Es kommt vor, dass ein Mensch, der sich dem Dienst Gottes hingibt, binnen einer Viertelstunde erlangt, was ein anderer nach siebzig Jahren noch nicht erreicht hat."

✡

Im biblischen Bericht heißt es, dass „Isaak aufs Feld hinausging, um nachzusinnen" (Gen 24,63). Die Kommentatoren erklären, er sei hinausgegangen, um auf dem Feld zu beten. Aber falls das so war, warum sagt die Bibel das nicht ausdrücklich?

Zweifellos deshalb, weil der Dienst vor Gott diskret, verschwiegen und ohne äußeres Aufsehen stattfinden soll. Der Mensch braucht seinen Glauben nicht allen Winden kundzutun und auch nicht so, dass er allen in die Augen fällt.

✡

Ausspruch des Mendel von Kozk: „Gott wohnt da, wo man ihn einlässt."

✡

„Meister der Welt", so sprach Levi Jizchak von Berditschew zu Gott, „falls du dich weiterhin weigerst, meine Gebete zu erhören, spreche ich sie nicht mehr!"

✡

Ausspruch des Michal von Zlotkow: „Direkt für seine Feinde zu beten, damit es ihnen in allem gut geht: Seht, das ist der wahre Gottesdienst."

✡

Ein Chassid kam und erklärte dem Rabbi Abraham von Pehitik:

„Ich komme zu Ihnen, um bei Ihnen die Gottesfurcht zu finden."

„Wir lehren hier aber die Gottesliebe!"

„Umso besser: Auf dem Weg über die Gottesliebe gelange ich gewiss zur Gottesfurcht."

Israel von Rischin sagte zu seinen Schülern:

„Wenn mein Meister, der Baal Schem Tow, vor einer schwierigen Frage stand und ihm keine Lösung einleuchtete, dann ging er in den Wald, ließ sich darin an einer bestimmten Stelle nieder, entfachte dort ein Feuer und betete. Das half ihm viel.

Sein Schüler Yaakow Yossef wusste nicht mehr, wo sich der Wald befand, aber er kannte noch das Gebet, und auch das half ihm viel.

Was mich angeht, so weiß ich nicht, wo sich der Wald befindet, und auch nicht, wo die bestimmte Stelle ist. Ich kenne auch nicht das Gebet und seinen Inhalt. Das Einzige, woran ich mich noch erinnere, ist diese Geschichte.

Auch sie kann helfen ..."

Rabbi Hanoch Alexander sagte: „Zahlreich sind die, welche glauben, es gebe einen Gott im Himmel. Der wahre Gläubige ist derjenige, der davon überzeugt ist, dass Gott auch auf der Erde regiert. Zahlreich sind diejenigen, die an eine künftige Welt glauben. Der wahre Gläubige ist derjenige, der denkt, die künftige Welt sei auch in dieser Welt, ja mehr noch: dass die beiden in Wirklichkeit nur eine einzige seien."

Ausspruch des Mendel von Kozk: „Alle beten darum, dass Gott seinen Willen verwirkliche. Der wahre Glaube besteht aber darin, den Willen Gottes zu *tun*."

✡

Ausspruch des Levi Jizchak von Berditschew: „Dein Gebet sei ein zum Himmel offenes Fenster."

✡

Ausspruch des Haim von Ksans: „Bevor ich bete, bete ich darum, dass mein Gebet ein richtiges Gebet werde."

✡

Ausspruch des Aaron von Strosyla: „Der Glaube und das Vertrauen wurden miteinander erschaffen. Jeder, der glaubt, hat auch Vertrauen. Wenn einer kein Vertrauen hat, ist dies das Zeichen dafür, dass er nicht den Glauben hat."

✡

Ausspruch des Israel von Rischin: „Nicht deshalb, weil sie durch das Wunder am Roten Meer, wo die Wasser sich teilten, gerettet wurden, fingen die Hebräer zu singen an, sondern weil dieses Wunder ihr Vertrauen auf Gott gestärkt hatte. Darum heißt es im Text: ‚Und sie glaubten an den Ewigen' (Ex 14,31)."

✡

„Du sollst den Ewigen, deinen Gott, lieben mit deinem ganzen Herzen, mit deiner ganzen Seele und mit deiner ganzen

Kraft" (Dtn 6,5). Ein Gesetzeslehrer sah in dieser Formulierung die drei Stufen der Liebe zu Gott: „Das Einfachste ist das ‚mit deinem ganzen Herzen', auch wenn das nicht alle schaffen; das ‚mit deiner ganzen Seele' setzt eine große Hingabe seiner selbst voraus; und das ‚mit deiner ganzen Kraft' ist das Schwierigste, denn hierbei geht es darum, sich auch über das Schlechte, das einem von Gott kommt, genauso zu freuen, wie man sich über das Gute freuen würde."

✡

Ausspruch des Uri von Strelisk: „Wir wissen ganz und gar nicht, auf welche Weise wir beten sollen. Alles, was wir wissen, ist, dass wir je nach Bedarf und Not des Augenblicks um Hilfe rufen sollen."

✡

Hier der Text eines Gebets, das der chassidische Meister Nachman von Braslaw verfasste:

„Es möge Dein Wille sein, unser Gott und Gott unserer Väter, dass vom Angesicht der Erde alle Kriege und alles Blutvergießen getilgt werden: dass in der Welt ein großer und herrlicher Friede eingerichtet werde; dass kein Volk mehr das Schwert gegen ein anderes Volk erhebe und dass sie nicht mehr das Kriegshandwerk lernen; dass alle Bewohner der Erde die Wahrheit erkennen mögen und sich dessen bewusst seien, dass wir nicht auf die Welt gekommen sind, um Streit zu führen, Konflikte zu schüren und Hass, Eifersucht und Quälereien auszuüben, noch um Blut zu vergießen, sondern um Dich für immer zu erkennen."

✡

Mose sprach: „Damals rief ich den Herrn an …, aber der Ewige erhörte mich nicht" (Dtn 3,23–26). Laut Shalom Rosenberg gibt es tatsächlich verschiedene Arten von Gebet.

Die erste lasse sich mit einer Flöte vergleichen, mittels derer der Gläubige die Musik in seinem Inneren zum Ausdruck bringe, also seine persönliche Welt. Dabei handle es sich um ein spontanes, inniges und echtes Gebet, das in seiner Einfachheit und Echtheit großartig sei. Aber diese Art des Gebets enthalte auch einen Keim Egoismus und Unverstand und äußere diesen.

Die zweite Art sei das Gegenteil der vorigen: Dabei sei der Gläubige selbst das Instrument des Gebets. Er sei Teil eines größeren Ganzen. Was bislang in der Einzahl gesprochen worden sei, werde jetzt in der Mehrzahl geäußert. Das Gebet werde hierbei zur Pflicht oder zum Dienst des Herzens. Das Ritual singe in uns und bilde zugleich ein großes Ganzes: die Synagoge.

Das Gebet ist Bitte und Gesang, aber auch Gespräch. Es ist uns aufgetragen, uns mit Gott zu unterhalten, und zwar mittels seines Bildes, das wir in uns tragen. Alles Weitere ist zweitrangig. An dieser Art von Gespräch kann sich jeder beteiligen, Gläubiger wie Ungläubiger. So gibt es durchaus Juden, die die Torah ablehnen, zum Teil wegen der tragischen Geschichte, zu der sie geführt hat. Sie sind ihrer Aussage nach Atheisten, aber es ist eigenartig, dass sie, obwohl sie Gottes Existenz in Frage stellen, auf Gott wütend sind. Und durchaus nicht auf irgendeinen Gott, sondern auf *Den- der- geheiligt- sei*, den Gott Israels.

„Und schon dieses Bewusstsein als solches macht aus ihnen großartige Juden."

Lachen und Tränen

Man erzählt von Isaak Luria (1540–1572), einem der größten kabbalistischen Meister aller Zeiten, er habe die Gewohnheit gehabt, täglich im Morgengrauen am Ufer des Nils spazieren zu gehen. Das erklärte er so: „Um zur wahren Bedeutung der Verse und Gesetze der Bibel vorzudringen, muss ich versuchen, das Weinen des Knäbleins Mose im Schilfrohr zu vernehmen … Denn die Worte des Mose zu verstehen ist nur der im Stande, der zuvor fähig ist, sein Weinen als Säugling zu hören."

✡

Ausspruch des Schlomo von Karlin: „Das, was Gott von dir bekommen möchte, ist weder das Gebet noch das Studium, sondern das Seufzen deines Herzens."

✡

Ausspruch des Levi Jizchak von Berditschew: „Ursprünglich hatten wir von Dichtern verfasste Gedichte. Diese Gedichte wurden in der Folge derart von den Tränen des Volkes Israel benetzt und aufgeweicht, dass daraus Gebete wurden."

✡

Ausspruch des Yaakow Reiness: „Die Tränen der Juden? Es ist nicht notwendig, sie zu hören. Man kann sie sehen: Sie sind in ihre Gesichter gezeichnet. Darum heißt es von Mose: ‚Die Tochter des Pharao *sah* das weinende Kind'" (Ex 2,6).

✡

Ausspruch des Zadok Hakohen von Lublin: „Die wahren Wurzeln eines Menschen befinden sich dort, wo er Zuflucht sucht, wenn er in große Not gerät."

✡

Bunam von Pzysha sagte: „Eines Tages wollte ich einer großen Zuhörerschaft eine ganz gewöhnliche Geschichte erzählen. Ich wusste, dass sie großes Gelächter auslösen würde. Ich war versucht, sie doch nicht erzählen, denn ich dachte mir, wenn die Leute von mir diese Geschichte hörten, würden sie mich unverzüglich nicht mehr für einen wahren Rabbi, sondern für einen Spötter halten.

Doch dann sagte ich mir, ich sollte sie doch erzählen. Ich entsann mich nämlich, dass Pinchas von Koriz gesagt hatte, alles Vergnügen komme von Gott, auch dasjenige, das von lustigen Geschichten, Späßen und geistreichen Formulierungen ausgelöst werde. Ich hatte genug davon, Rabbi zu sein. So sprang ich über meinen Schatten und erzählte die Geschichte. Es brach schallendes Gelächter aus.

Und eigenartigerweise wandten sich die Chassidim in größerer Zahl als zuvor an mich, um meinen Rat zu erbitten."

✡

Ein Mann hatte dem Rabbi von Lubawitsch gerade berichtet, wie schlimm die jüdische Gemeinde geschlagen worden sei und habe leiden müssen. Der Rabbi sagte dazu überhaupt nichts. Da drang der Mann in ihn: „Rabbi, ich wundere mich, dass Ihnen diese Nachricht nicht den leisesten Seufzer entlockt!"

„Der Grund dafür ist, dass mein Vater – sein Andenken sei gesegnet – gesagt hat, eine einzige Tat sei besser als hundert Seufzer."

✡

Ausspruch des Zwi Hirsch von Tomatschow: „Das Alter ist nicht immer eine Frage der Zahl der Jahre. Es gibt Menschen, die kommen schon alt auf die Welt."

✡

Der chassidische Meister Aaron von Karlin sagte: „Bitterkeit? Einverstanden. Aber nicht Schwermut, denn wahrlich, etwas Schlimmeres gibt es nicht. Der Unterschied zwischen beiden? Die Bitterkeit zeigt an: Ich besitze nichts. Die Schwermut dagegen will sagen: Meine Lage ist ausweglos, ich bin verloren!"

✡

Nachman von Braslaw, der Urenkel des Baal Schem Tow, legte den Vers „Du sollst dich freuen über alles Gute, das der Ewige dir gegeben hat" (Dtn 26,11) so aus: „Es sollte so sein, dass sogar die Tränen, die ein Mensch vor Gott vergießt, eher von der Freude als von der Schwermut ausgelöst sein sollten."

✡

Ein Chassid, ein Schüler des berühmten Rabbi Mendel von Kozk, stand im Ruf, alle religiösen Gebote (die *mizwot*) in Freude zu erfüllen. So sang und tanzte er sogar noch im hohen Alter zur Stunde des Gebets mit den Jungen.

Als er sich auf das Sterben vorbereitete, kamen seine Freunde, um ihm beizustehen. Der Chassid lag mit geschlossenen Augen da, verfügte aber noch über die Kraft, einen Psalm zu murmeln. Sodann wandte er sich mit einer letzten Anstrengung an einen der Anwesenden und sagte zu ihm: „Es tut mir sehr leid, das ich nicht mit euch fröhlich sein und tanzen kann. Ich habe nämlich das Gefühl, dass Gott beschlossen hat, mich zu sich zu rufen. Und wenn das der Wille des Ewigen ist, dann ist das eine *mizwa*, ein Gebot. Warum sollte ich nicht auch dieses mit Freude und Heiterkeit erfüllen?"

✡

Der Meister Aaron von Karlin sagte: „Die Freude ist kein Gebot, sondern sie kann zu verdienstreichen Handlungen führen. Die Schwermut ist keine Sünde, aber sie kann zu allen möglichen Ablenkungen führen."

✡

Ausspruch des Nachman von Braslaw: „Wehe den Menschen, die ihren Tränen nicht mehr Sinn geben als ihrem Lachen!"

✡

Nachman von Braslaw fragte seine Schüler: „Wisst ihr, warum der Sohar den König David einen ‚Possenkönig' nennt? Das kommt daher, weil er sogar Gott lustige Geschichten erzählte, wie geschrieben steht: „König David hüpfte und tanzte vor dem Herrn“ (2 Sam 6,16).

✡

Rav Israel Salanter war dafür bekannt, dass er noch nie ein nutzloses Wort ausgesprochen habe. Doch eines Tages sah ihn die ganze Stadt, wie er auf dem Dorfplatz äußerst lebhaft und fröhlich auf einen Menschen einredete und diesem alle möglichen Albernheiten sagte. Seine verwunderten Schüler warteten eine Gelegenheit ab, um sich vom Meister das erklären zu lassen. Das sagte er zu ihnen: „Das ist ganz einfach. Dieser Mensch war in einem Zustand knapp an der Depression. Er war verbittert und grämte sich ungeheuer. Ich hielt es für eine wahrhaft religiöse Pflicht, ihm zu Hilfe zu kommen und zu ihm von solchen Dingen zu sprechen, die ihn für kurze Zeit von seinen Sorgen und seiner Bitterkeit ablenken konnten.“

✡

„Ihre wahre Größe erreichen die Tränen“, sagte Nachman von Braslaw, „wenn sie aus der Freude kommen und nicht aus der Traurigkeit.“

✡

Ausspruch des Nachman von Braslaw: „Die Tränen öffnen die Tore. Der Gesang schleift die Mauern.“

✡

Jizchak Nachman Steinberg war ein orthodoxer Jude und zugleich 1917 in Russland ein kommunistischer Revolutionär. Die

Sorge der Riwka (Rebekka), dass ihr Sohn Jakob doch unbedingt eine Frau aus dem Volk der Hebräer heiraten sollte (Gen 27,46), kommentierte er so: „Wir wenden uns an alle Völker und erklären ihnen feierlich: ‚Wir wollen eure Brüder sein, aber nicht unbedingt eure Schwäger!'"

Die Neigung zum Bösen

Zum Vers 7,1 des Kohelet, „Besser ein guter Name als duftendes Öl", bemerkte Shalom Rosenberg: „Sehr oft gelingt es der bösen Neigung, dieser Fliege, die Ehre und den Ruf eines Menschen zu verderben. Aber man warnt uns auch vor anderen Arten von Fliegen, nämlich den Verleumdern. Genau wie sich die Fliegen nur auf schmutzige Stellen setzen, so richten auch die Verleumder ihre Aufmerksamkeit nur auf die schlechten Seiten und die Mängel anderer."

✡

„Warum hört man heute nicht mehr von der *dibbuk* sprechen (der Besessenheit vom Geist eines Verstorbenen)?"

„Deshalb", sagte Mendel von Kozk, „weil heute niemand mehr weiß, wie man sie austreibt …"

✡

Die Männer von Sodom waren Perverse. Aber schlimmer noch war, dass sie ihre Perversität als Rechtschaffenheit und Treue angesehen haben wollten. Sie betrachteten sich als untadelige Leute!

✡

Ausspruch des Naftali von Ropschitz: „Wenn ich mich in meiner Kindheit anschickte, früh zum Morgengebet aufzustehen, kam die böse Neigung zu mir und flüsterte mir liebevoll ein: ‚Warum beeilst du dich so? Draußen ist ja noch Nacht. Außerdem ist es heute sehr kalt. Lass dir Zeit. Schlafe noch ein wenig.‘ Dann wandte ich mich gegen sie und sagte zu ihr: ‚Rede doch nicht so daher! Du bist ja selbst schon voll bei der Arbeit!‘“

✡

Naftali von Ropschitz rügte seinen zehnjährigen Sohn:

„Was du da getan hast, war nicht gut!“

„Vater, ich konnte nicht anders. Die böse Neigung war stärker als ich!“

„Richtig, da kannst du dir an ihr ein Beispiel nehmen: Sie verrichtet treu die Arbeit, zu der sie erschaffen wurde.“

„Ja, aber sie wird nicht von einer bösen Neigung daran gehindert, ihre Aufgabe zu erfüllen!“

✡

Ausspruch des Jonathan Eibschitz: „Der Großteil der Streitereien zwischen Juden bricht am Samstag aus, denn an diesem Tag arbeiten die Leute nicht und haben Zeit dafür. Daher sagt die Torah: ‚Am Sabbat sollt ihr kein Feuer anzünden‘ (Ex 35,3). Das Feuer, um das es dabei geht, ist das Feuer der Streitereien.“

✡

Ausspruch des Dow Ber von Mesritsch: „In jedem Menschen steckt ein Kain und ein Abel.“

✡

Rabbi Jizchak Meir von Ger sagte: „Bekanntlich drohte Gott im Augenblick, als er dem Volk Israel die Torah offenbarte, er werde den Berg wie einen Trichter über es stülpen. Und das eigenartigerweise gerade da, als das Volk bereits feierlich erklärt hatte: ‚Wir wollen es tun und wir wollen hören' (Ex 24,7).

Tatsächlich war es so, dass in dem Augenblick, als das Volk zu Füßen des Berges stand und die Zehn Worte hörte: ‚Du sollst nicht töten', ‚Du sollst nicht stehlen' usw., die ‚schönen Seelen' Israels mit den Achseln zuckten. Warum? Sie stellten die Frage: Hat man uns derart große Umstände gemacht, um uns bloß solche Dinge zu sagen? Wir hätten doch erwartet, dass man uns etwas Tiefgründigeres und Wesentlicheres verkünden werde! Und da bekommen wir jetzt bloß zu hören: ‚Du sollst nicht stehlen', ‚Du sollst nicht begehren'! Für was hält man uns eigentlich?

Alle machten eine Miene, als ob sie sich am liebsten gleich vom Berg Sinai entfernen wollten.

Und da war es, dass Mose den Berg über sie stülpte und sagte: ‚Rührt euch ja nicht von der Stelle! Das geht auch euch an! Denn wenn ihr das ganz tief untersucht, werdet ihr feststellen, dass es auch in jedem von euch einen kleinen Teil Neigung zum Bösen gibt, einen schlechten Hang zu Stehlen, oder zum Morden, und auf jeden Fall, hinter dem Gewinn herzulaufen. Ihr stellt euch zweifellos vor, dass ihr gegen all dies gefeit seid? Durchaus nicht: *Du sollst nicht töten, Du sollst nicht stehlen, Du sollst dich nicht prostituieren …*'"

✡

„Übertreibe die Beobachtung des Gesetzes nicht" (Koh 7,16). Der Rabbi Jechiel Michel von Zlotchow kommentierte diesen Vers so: „Genau wie der schlechte Antrieb den Menschen zum Sündigen anleitet, so stachelt er ihn auch zuweilen an, ein großer Gerechter zu werden, ein außergewöhnlicher Mensch."

✡

Ein reicher Kaufmann kam zum Rabbi Haim Waks und offenbarte diesem, er habe gerade in seinen Geschäftsangelegenheiten eine List angewandt, und falls diese funktioniere, sei er berufen, zu viel Geld zu kommen. Da entgegnete ihm der Rabbi: „Die Torah erzählt uns, dass die Zehn Gebote hinten und vorne auf die Tafeln geschrieben worden seien. Damit soll gesagt sein, dass auch dann, wenn man die Gesetzestafeln umdreht, man darauf den Satz eingeritzt findet: ‚Du sollst nicht stehlen.'"

✡

Ausspruch des Mendel von Kozk: „Zuweilen kommt es vor, dass der Geist des Bösen eine gute Handlung dazu verwendet, um sich bei einem Menschen einzuschleichen."

✡

„Wenn das Herz leer ist und man darin weder die Lehren der Torah findet noch die Werte des Menschseins, so füllt es sich unweigerlich mit Gewalttätigkeit und Bosheit."

✡

Ausspruch des Jehoschua Ben Hananja: „Wen nennt man einen frommen Narren? Das ist einer, der eine Frau ertrinken sieht, sofort wegschaut und sagt: ‚Es ist mir verboten, eine nackte Frau anzuschauen.'"

✡

Als Rabbi Zwi Elimelech von Dinow starb, sagte Rabbi Schalom von Bälz zu dessen Frau:

„Da ist ganz gewiss gerade ein guter Jude gestorben!"

Seine Frau erwiderte: „Er war nicht bloß ein guter Jude, sondern du weißt, dass er auch ein bekannter Rabbi war."

„Bekannte Rabbis gibt es Gott sei Dank viele. Aber weißt du, gute Juden, die sind eher selten."

✡

Mendel von Kozk sagte: „Nach dem Propheten Jesaja ‚soll der Verkehrte seinen Weg verlassen' (55,7). Geht also der Böse auf einem bestimmten Weg? Wie sollte er auch noch den geringsten Weg haben, da er sich doch verlaufen hat? Was der Prophet sagen will, ist, dass der Verkehrte seine verlogene Vorstellung aufgeben soll, die ihn wähnen lässt, er folge einem Weg."

✡

„Jede Generation", sagte Arie Leib von Sapoli, „muss die böse Neigung mit neuen Methoden bekämpfen, denn die alten kennt die böse Neigung schon alle."

✡

Nachman von Braslaw sagte: „Der Blick ist es, mit dem jede Verkehrtheit beginnt."

✡

Ausspruch des Aaron von Karlin: „Es ist viel schwieriger, sein Denken zu reinigen, als seinen Körper zu waschen."

✡

Ein Weiser sagte: „Der Neid äußert sich immer im Lauf der Kindheit, die Wollust während der reifen Jahre. Nach Ehren dagegen giert man im Alter."

✡

Laban sagte zu Jakob: „Es steht in meiner Macht, dir Schlimmes anzutun" (Gen 31,29). Daher sieht man, wie die Verkehrten sich ihrer Verkehrtheit brüsten und dank ihrer versuchen, Berühmtheit zu erlangen.

✡

Es steht geschrieben, dass der weise ist, welcher von jedem Menschen lernt. „Das bedeutet", sagte der Rabbi von Mesritsch, „dass man seinen Nächsten so anschauen sollte, wie man sich selbst im Spiegel anschaut. Man muss aufmerksam dessen Fehler anschauen, um diese bei sich selbst zu beheben."

✡

Ausspruch des Mosche von Petschbursk: „Beim Sündigen ist der Mensch nur während des Sündigens froh darüber, zu sündigen. Tut man etwas Gutes, so kann man auch danach noch froh darüber sein."

✡

Gott sprach zu Israel: „Seht, heute lege ich euch einerseits den Segen vor und andererseits den Fluch" (Dtn 11,26).

Nach Hanoch Alexander sagt der Gerechte: „Lasst uns das Gute heute tun, denn wer weiß, was morgen sein wird." Der Verkehrte dagegen sagt: „Heute lasst uns essen und trinken, denn morgen sind wir sicher tot."

✡

Wie die Genesis (29,25) berichtet, wurde der Patriarch Jakob von seinem Schwiegervater Laban betrogen: Statt wie versprochen dessen jüngere Tochter Rachel zur Frau zu erhalten, fand er am Hochzeitsmorgen die ältere Lea in seinem Bett vor. Er sprach zu ihr: „Du bist eine Betrügerin, Tochter eines Betrügers!"

Sie erwiderte ihm: „Gerade du brauchst so etwas zu sagen! Im Lügen bist du doch Großmeister! Hast nicht du selbst deinen Vater betrogen, als dieser nach Esau rief und du ihm zur Antwort gabst: ‚Ja, hier bin ich!'?"

✡

Im Zusammenhang mit der Schoah erzählte Shalom Rosenberg eine Geschichte, die er von seinem Universitätskollegen Michael Zwi Nehoray hatte: „Ein Jude kommt in den Himmel und bittet, ins Paradies eingelassen zu werden. Man sieht in den Akten über sein Tun auf Erden nach und entdeckt, dass darin nichts Rühmenswertes über ihn steht. In seiner Verzweiflung wendet sich der Jude an Gott: ‚Möchtest du damit sagen, dass ich in Hitlers Augen ein echter Jude war, aber in deinen Augen keiner bin?' Da sprach Gott: ‚Hitler hat dich richtig eingeschätzt.' Und man tat ihm die Tore des Paradieses auf."

Krisen

Hanoch Alexander erzählte gern die folgende Geschichte:

„Ein Mann war ständig derart zerstreut, dass er allmorgendlich nach dem Aufwachen nicht wusste, wo er am Abend seine Kleider hingelegt hatte. Schließlich getraute er sich gar nicht mehr, sich vor dem Zubettgehen auszuziehen. Eines Tages kam er auf die Idee, sich auf einem Zettel aufzuschreiben, wo er seine Kleidungsstücke überall hingelegt hatte. Am nächsten Morgen sammelte er mit Hilfe dieses Zettels eines um das andere seiner Kleidungsstücke zusammen. Hierauf sagte er zu sich selbst: ‚Jetzt habe ich alle meine Kleider gefunden, aber wo bin ich selbst?' Genau genommen", so schloss Hanoch Alexander, „gleichen wir alle mehr oder weniger diesem Menschen."

✡

Ausspruch des Mendel von Kozk: „Die Macht des Vergessens ist derart, dass sie dazu führen kann, den Vers zu vergessen: ‚Nimm dich in acht, dass du den Ewigen, deinen Gott, nicht vergisst!'" (Dtn 8,14).

✡

Ausspruch des Baruch von Medsibosch: „Wie gut und lichtvoll ist diese Welt, wenn man sich darin nicht verliert. Aber wie tief ist die Finsternis für den, der sich in ihr verliert!"

✡

Ausspruch des Baal Schem Tow: „Die Welt ist voller Wunder und großartiger, Ehrfurcht gebietender Geheimnisse. Aber der Mensch bedeckt sich mit seiner kleinen Hand die Augen, um sie gegen das gewaltige Licht abzuschirmen."

✡

Ausspruch des Mendel von Kozk: „Wer meint, er sei fertig, der ist selbst fertig."

✡

Ausspruch des Elimelech von Lisensk: „Es gibt nichts Materielles, das nicht in Wirklichkeit Funken des Spirituellen in sich tragen würde."

✡

Ausspruch des Gerschon von Radzin: „Der traurige Mensch braucht keinen besonderen Grund, um wütend zu werden. Vom Augenblick seines Aufwachens an ist er mit der ganzen Welt im Hader. Er findet an jedem etwas auszusetzen. In seinen Augen ist die ganze Welt schuldig. Aus diesem Grund sagte Joseph, der Vizekönig von Ägypten, zu seinen Brüdern, als er sie heimschickte: ‚Jetzt aber lasst es euch nicht mehr leid sein und grämt euch nicht'" (Gen 45,5).

✡

„Weshalb", fragte Mendel von Kozk, „verzieh Gott die Sünde mit dem Goldenen Kalb, obwohl die Hebräer diese nicht ausdrücklich bereuten, während er andererseits die Sünde nicht verzieh, die laut der Bibel die Kundschafter im Gelobten Land begingen?

Das kommt daher, dass es sich bei dem Versuch mit dem Goldenen Kalb immerhin um eine religiöse Suche handelte, also um das Bemühen um eine höhere Kraft, während die Kundschafter nur auf niedrige, materielle Dinge aus waren."

✡

Nachman von Braslaw stand eines Tages an seinem Fenster. Da sah er Heykel raschen Schritts vorbeieilen, um sich seinen Geschäften zu widmen. Er rief ihn zu sich her und sagte zu ihm:

„Hast du heute schon einmal wenigstens kurz zum Himmel geschaut?"

„Nein."

Dann schau durch dieses Fenster und sage mir, was du siehst."

„Ich sehe Wägen, Pferde und viele Fußgänger."

„Richtig. Und nun stell dir vor, dass es in fünfzig Jahren hier genauso einen Markt geben wird, aber der wird anders sein als der Markt, den du jetzt vor Augen hast, und darauf werden andere Wägen, andere Pferde und andere Fußgänger sein. Weder du noch ich werden da sein. Da frage ich dich: Was nimmt dich derart in Beschlag, dass du nur das Dahineilen im Kopf hast und dir nicht die Zeit nimmst, zum Himmel zu schauen?"

✡

Baruch von Medsibosch war in seinem Büro. Da kam weinend sein kleiner Enkel herein.

„Was ist los?"

„Ich habe mit einem Freund Verstecken gespielt. Ich habe mich versteckt, und jetzt ist es schon Stunden her, aber niemand sucht mich!"

Da kamen dem Großvater selbst die Tränen und er rief aus: „Auch Gott muss im Stillen weinen. Denn wir suchen ihn nicht. Deshalb steht geschrieben: ‚Ich werde an jenem Tag mein Angesicht noch mehr verstecken'" (Dtn 31,18).

✡

Ausspruch des Nachman von Braslaw: „Zuweilen bedarf es des Absturzes und des Abstiegs. Dann gelingt der Aufstieg leichter."

Bereuen

Der Patriarch Jakob wird die gesamte biblische Erzählung hindurch als ein Mensch mit großem körperlichem Mut geschildert. Aber siehe da, am Tag vor dem Wiedersehen mit seinem Bruder Esau bekam er es plötzlich mit der Angst zu tun: „Jakob wurde angst und bange" (Gen 32,8).

„In Wahrheit", erläuterte Jeschajahu Leibowitz, „war das, was Jakob schwach werden ließ, nicht die Aussicht, seine Kräfte mit denjenigen seines Bruders Esau messen zu müssen, sondern es waren seine Gewissensprobleme. Er war sich unsicher, ob er unlängst daheim bei seinen Eltern gegenüber seinem Bruder richtig gehandelt habe. Hatte er Gewissensbisse? Vor allem anderen bedurfte er der Vergebung seitens seines Bruders Esau!"

✡

Ausspruch des Rabbi von Pzysha: „Bei der Reue geht es nicht darum, bloß an seinen Kleidern herumzuflicken. Man muss alles auf null zurückdrehen und wie ein Kind werden, das gerade zur Welt gekommen ist. Man ist wie ein vom Dach gefal-

[8] Anm. d. Ü.: *Tischa be-Aw*: neuntägige Fastenzeit zur Erinnerung an die Zerstörung des Tempels; *Yom Kippur*: Versöhnungsfest am 10. Tag nach Neujahr (*Rosch Haschana*).

lener Mensch, der sich sämtliche Glieder und Knochen gebrochen hat und neue erhält."

✡

Ein Mann wandte sich an Israel von Rischin:

„Rabbi, ich habe gesündigt und möchte bereuen, aber ich weiß nicht, wie man das macht."

„Wie hast du gewusst, wie das Sündigen geht?"

„Ich habe zunächst etwas Falsches gemacht und erst danach bin ich mir dessen bewusst geworden."

„Na also, genau das musst du auch jetzt tun: Bedauere zunächst das, was du getan hast, und dann wird die Reue von ganz allein kommen."

✡

Rabbi Susja war dafür bekannt, ein gerechter Mensch zu sein, der vor allen Menschen große Ehrfurcht hatte. Wenn er dennoch hie und da einem Gläubigen Vorhaltungen machen musste, weil dieser die jüdische Tradition missachtete, begab er sich zu ihm und sprach dann mit lauter Stimme zu sich selbst: „Ach Susja, wie hast du nur derart deiner bösen Neigung nachgeben können, dass du schließlich so gehandelt und gegen die Gebote der Torah verstoßen hast? Was wirst du am Tag des Gerichts vor dem himmlischen Tribunal zu deiner Verteidigung sagen können? Auf welche Argumente wirst du zurückgreifen können? Dir bleibt deshalb nichts anderes übrig, als alles zu bereuen! Denn solange deine Seele noch lebt, sind ihr die Tore der Reue nicht verschlossen!"

Susja begann hierauf zu weinen und hörte erst wieder auf, wenn er den Eindruck hatte, die „Botschaft" sei verstanden worden.

✡

Ausspruch des Naftali von Ropschitz: „Der Prophet Jesaja hat uns gesagt: ‚Verachte nicht dein eigenes Fleisch' (58,7). Das soll heißen: Vernachlässige nicht deinen Körper, lass ihn nicht leiden."

✡

Ausspruch des Abraham von Sadigora: „Genauso wie der Mensch in der kommenden Welt Rechenschaft dafür ablegen muss, dass er nicht auf die Unversehrtheit seiner Seele bedacht war, wird man ihm auch eine Erklärung für die Leiden abverlangen, die er womöglich seinem Körper zugefügt hat."

✡

Dies sagte der Baal Schem Tow: „Wenn die schlechte Neigung es nicht schafft, einen Menschen zur Sünde zu verführen, überredet sie ihn dazu, sich strenge Fasten und Abtötungen aufzuerlegen. So möchte sie ihn schwächen und seine Kräfte so weit mindern, dass er daran gehindert wird, Gott auf die gebührende Weise zu dienen."

✡

Ausspruch des Abraham Jehoschua von Apt: „Hätte ich die Macht dazu, so würde ich alle in unserem Kalender vorgesehenen öffentlichen Fasten abschaffen, mit Ausnahme von zweien: desjenigen des *Tischa be-Aw* und desjenigen des *Yom Kippur*[8]. Das erste, weil es niemand übers Herz bringen wird, am Tag der Zerstörung des Tempels von Jerusalem etwas zu essen, und das zweite, weil niemand etwas an dem Tag zu essen braucht, an dem wir unsere Herzen vor dem Meister der Welt reinigen."

✡

Ausspruch des Rav Kook: „Während der zehn Tage der Buße – zwischen *Rosch Haschana* und *Yom Kippur* – sprechen wir in unseren Gebeten Gott vierundvierzigmal an mit ‚unser Vater, unser König', also zuerst mit ‚unser Vater', und erst dann mit ‚unser König'. Das tun wir deshalb, damit er uns am Tag des Gerichts als wirklicher Vater richtet, der voller Mitgefühl ist und über unser Verhalten hinwegsieht."

✡

Levi Jizchak von Berditschew war bekannt dafür, im Himmel ein großer Fürsprecher Israels zu sein. An einem Kippurtag blieb er vom Anfang des Abendgebets, des *Kol Nidre,* bis zum folgenden Tag niedergeschlagen und nervös. Als der heilige Tag sein Ende erreichte, fand er nach und nach wieder sein Lächeln.

Nach dem Abschluss aller Verrichtungen erklärte er seinen Schülern: „Im Lauf dieses Tages stand es im Himmel um unsere Sache schlecht. Die Anklage gegen uns war schwerwiegend und ernst. Es war, als habe man eine Mauer aufgerichtet, die uns völlig von Gott trennte. Aber am Abend, zur Stunde der *Neila,* des Abschlusses des Gottesdienstes, sagte eine in der Synagoge anwesende Frau zu ihrer Nachbarin:

‚Ich bin mir sicher, dass nach all unseren Gebeten unser Vater im Himmel uns ein recht angenehmes Jahr bescheren wird.'

‚Und woher kommt dir diese Gewissheit?'

‚Wie könnte es anders sein? Sogar wenn wir einem regelrechten Gauner gegenübergestanden hätten, wäre es uns bestimmt gelungen, ihn mit unseren Bitten und Tränen uns gewogen zu machen.'

Die ganz einfachen Worte dieser Frau", so schloss Levi Jizchak, „machten im Himmel einen derartigen Eindruck, dass die Anklage gegen uns zunichte wurde."

✡

Ein Mann fragte den chassidischen Meister Bunam von Pzysha:

„Es steht geschrieben, dass der Prophet Elija jeden Menschen besuche, der vierzig Tage lang faste. Nun habe ich sogar noch länger gefastet, aber bis zum heutigen Tag, so muss ich leider sagen, hat mich der Prophet noch überhaupt nicht besucht!"

„Der Grund ist zweifellos der, dass du dich wohl zum Zeitpunkt des Fastens für einen Engel hältst. Aber wenn du wieder mit Essen anfängst, bist du wieder genau der Gleiche, der du vor dem Fasten warst. Offensichtlich ist diese Art des Fastens ganz und gar unwirksam."

✡

Der alte Rabbi Israel vom Modzitz reiste an einem Sommertag durch den Wald, und da hörte er einen Hirten auf der Flöte spielen. Er ließ seine Pferde anhalten und hörte lange der Musik zu. Dann sagte er: „Jede Melodie ist eine Art Bekenntnis. Und wenn ein Mensch sein Bekenntnis ablegt, muss man auf der Stelle stehen bleiben und sein Ohr aufmerksam dem widmen, was er sagt."

✡

Ausspruch des Rabbi Abahu: „Dort, wo sich die Reumütigen aufhalten, können selbst die großen Gerechten nicht weilen. So steht es bei Jesaja geschrieben: ‚Friede, Friede dem, der sich entfernt hat, und auch dem ganz Nahen' (57,19). Der Ferne – der sich von Gott entfernt hat und zurückgekommen ist – wird vor dem Nahen genannt."

Exil und Befreiung

„An jenem Tag wird der Ewige Einer sein und einzig wird sein Name sein" (Sach 14,9). „Monsieur Schuschani", der Meister von Emmanuel Levinas, erklärte diesen Vers des Propheten so: „Am Ende der Zeit wird die Welt zum Monotheismus bekehrt sein. Aber heute verwenden auch die Monotheisten selbst noch verschiedene Namen für die Rede von Gott. Zudem führen sie weiterhin gegeneinander Religionskriege. Aber am Ende der Zeiten wird sogar die Sprache befreit sein: Der Name Gottes selbst wird einheitlich sein."

✡

Zwi Hirsch von Sliansky sagte: „Vor Tausenden von Jahren hat uns die Bibel gelehrt, man solle nicht so tun, als ginge einen das nichts an, wenn man sieht, dass der Stier oder das Lamm seines Bruders sich verlaufen haben. Man muss sie seinem Bruder zurückbringen (Dtn 22,1). Meister der Welt, siehe, das Volk, das der Menschheit das Mitleid mit den Tieren beigebracht hat, ist heute in der ganzen Welt verlaufen, ohne dass ihm jemand das geringste Dach anbieten würde!"

✡

Jedesmal, wenn Levi Jizchak von Berditschew an den Vers kam: „Ihr sollt keine Witwe oder Waise unterdrücken" (Ex 22,22), wandte er sich folgendermaßen an Gott: „Meister der Welt, du trägst uns auf, nicht die Waisen zu unterdrücken, aber du weißt, dass wir selbst Waisen sind. Warum also hast du kein Mitleid mit uns? Wie kannst du es zulassen, dass man uns seit Jahrhunderten grausam unterdrückt?"

✡

Der aus Kastilien stammende Rabbi Abraham Sabbagh hatte sein Leben lang umherirren müssen. Nach der Vertreibung der Juden aus Spanien hatte er in Portugal Zuflucht gefunden, in Guimarayes unweit von Porto. Im Jahr 1496 wurde das, was eine Zuflucht hätte sein sollen, zur Hölle. Es gelang ihm, seine Manuskripte unter einem Baum zu verstecken, den er „die Eiche des Weinens" nannte. Nachdem er sechs Monate lang in Lissabon im Gefängnis gesessen hatte, gelang es ihm, nach Fes in Marokko zu fliehen. Er fragte sich: „Warum zählt uns die Bibel lang und breit ganz genau die zweiundvierzig Etappen der Wanderung der Söhne Israels nach ihrem Auszug aus Ägypten auf? – Um dem jüdischen Volk während seiner Exilszeiten Mut zu machen und ihm die Hoffnung einzuflößen: Wie lange das Exil auch dauern mag, es wird an sein Ende kommen."

✡

Ausspruch des Jizchak Worker: „Das Exil ist eine menschliche Gegebenheit, die die Seelenmedizin heilen kann; die Befreiung gehört auch ganz wesentlich zum Menschen, aber um sie zu erlangen, braucht man einen festen Willen."

✡

In Genesis 4,11–12 steht geschrieben, dass Gott Kain verflucht und dazu verurteilt habe, „als Flüchtling auf der Erde umherzuirren". Aber handelt es sich dabei wirklich um einen Fluch? Es gibt mustergültige Menschen, die auf der Welt umherirren!

In Wirklichkeit ist es so, dass Gott zu Kain gesagt hat, sein Denken werde umherirren und sein Geist werde niemals zur Ruhe kommen.

✡

Rabbi Schalom Rokea von Belz sagte: „Es gibt drei Arten von Exil: diejenige Israels unter den Völkern – das ist die weniger schlimme –, diejenige der Juden angesichts anderer Juden, und diejenige, dass der Mensch im Exil von sich selbst lebt."

✡

Mendel von Kozk sagte: „Es ist besser, die Juden wissen nicht, wann der Messias kommt. Wünschen sie wirklich, dass er komme? Sie sollen ihn also glühend ersehnen und tagtäglich erwarten!"

✡

Ausspruch des Mendel von Kozk: „Der Messias? Er sitzt an den Toren Jerusalems und wartet darauf, bis die Menschen dessen würdig sind, befreit zu werden. Er hat die Hände gefesselt und wartet darauf, dass die Menschen der Wahrheit ihm die Fesseln lösen."

✡

Auf die Frage, warum es heiße, dass der Messias auf dem Rücken eines Esels komme, gab Rabbi Abraham Mordekai von Ger die Antwort: „Um uns zu sagen, dass, genau wie der Esel nicht schnell geht, so auch die Befreiung Israels ganz langsam komme. Zudem dient das dazu, allen Sündern die Zeit zu lassen, dass sie sich bekehren können."

✡

Es steht geschrieben: „Mose hat uns ein Gesetz gegeben. Es ist ein Erbe der Gemeinde Jakobs" (Dtn 33,4). Jeschajahu Leibowitz stellte sich die Frage: „Sollte das heißen, dass das Volk Israel eine Art Monopol auf die Torah hätte? Sie ist im Gegenteil allgemeingültig! Sie ist das Gesetz des Menschen, insofern er Mitglied der Menschengemeinschaft ist. Es ergab sich, dass einzig das Volk Israel sie angenommen hat. Aber in Wahrheit ist jeder Mensch, der sich an ihre Grundsätze hält, in den Segen eingeschlossen, von dem dieser Bibeltext spricht."

✡

Levi Jizchak von Berditschew wandte sich oft folgendermaßen an Gott: „Meister der Welt, das Gesetz verlangt, dass, wenn ein Mensch einen anderen tätlich angreift, er ihm Entschädigung und Zinsen zahlen muss. Aber wo sind nun eigentlich die Beträge, die du uns schuldest seit der ganzen Zeit, die du uns leiden lässt? Hast du vielleicht die Absicht, dich für unschuldig zu erklären, weil wir ja deine eigenen Kinder seien, die du leiden lassest? Aber sieh, das Gesetz bestimmt auch, dass sich der Vater für alle Taten verantworten muss, die er gegen seine Kinder begeht! Willst du sagen, da auch du es seiest, der die Heilung schickt, seiest du uns deswegen nichts Weiteres schuldig? Aber der Talmud schreibt auch vor, dass der Arzt gehalten sei, seine Verantwortung wahrzunehmen … Wann also gedenkst du, dich selbst an dein Gesetz zu halten und uns die Entschädigungen und Zinsen auszuzahlen, die du uns noch schuldest?"

Er sagte auch: „Die Wahrheit ist, dass Gott beim Volk Israel noch gewaltig in der Kreide steht."

✡

Mendel von Rymanow trat in der Synagoge zum öffentlichen Vorlesen aus den Schriftrollen des Gesetzes nach vorn. Beim Vers „dann wird die Menge der Übel und großen Ängste über es kommen" (Dtn 31,21) hielt er inne und wandte sich erregt an den Himmel: „Meister der Welt, verwende dein Salz mit Maßen! Du weißt, dass zu viel Salz das Fleisch ungenießbar macht. So kann uns auch nicht eine Menge von Übeln besser machen. Habe endlich Mitgefühl mit uns: Streue nicht zu viel Salz aus!"

✡

Ausspruch des Elimelech von Lisensk: „Gott hat die Kinder Israels in die Länder des Exils geschickt, damit sie die Fünklein der Heiligkeit aufsammeln, die dorthin gefallen sind."

✡

Als Mose in Ägypten den Hebräern ankündigte, sie würden aus der Knechtschaft befreit, schenkten sie diesem Versprechen gar keine Beachtung, statt sich darüber zu freuen. Der Grund dafür sei gewesen, so heißt es im Text, „weil ihr Geist bedrückt und die Knechtschaft so hart war" (Ex 6,9). Sie hatten sich derart an die Riten des Götzenkults der Ägypter gewöhnt, dass sie nur schwer wieder davon lassen konnten. Jeschajahu Leibowitz schrieb: „Es ist falsch, zu glauben, es habe unter den Hebräern eine Art religiöses Erwachen und eine Rückkehr zum Glauben an Gott gegeben. Es war so, dass sie wider ihren eigenen Willen aus Ägypten auszogen!“

✡

„Warum erinnern wir im Verlauf der Sederfeier am Vorabend des Pascha symbolisch an den Schlamm und die Bitterkeit, die wir in Ägypten erlebten, verlieren aber kein Wort über die Güter, die die Hebräer betrügerischerweise bei ihrem Auszug aus Ägypten mitnahmen?“

„Weil der Schlamm und die Bitterkeit leider immer noch anhalten, während uns von all den aus Ägypten ‚geliehenen‘ Gütern nichts mehr übrig geblieben ist.“

✡

In Prag sagte ein Priester der Kirche zum Rabbi Jonathan Eibschitz: „Sie nehmen regelmäßig die Juden in Schutz und ich die Christen. Wie wäre es, wenn wir einmal beschlössen, es umgekehrt zu machen?“

Der Rabbi war damit einverstanden.

Der katholische Priester sagte: „Ich verstehe, dass wir, die Juden, das Paschafest feiern, denn wir wurden aus der Knechtschaft in Ägypten befreit. Aber ihr Christen, ihr wart doch gar nicht in Ägypten. Warum feiert ihr also das Paschafest?“

Darauf erwiderte der Rabbi: „Auch für uns Christen ist das Paschafest wichtig. Denn wenn die Juden nicht aus Ägypten ausgezogen wären, hätten sie endgültig zu existieren aufgehört, und folglich hätten wir keinen Jesus bekommen.“

✡

Mendel von Kozk sagte zu einem seiner Schüler: „Du glaubst, ich habe dich an diesem Vorabend des Pascha aus dem Grund gebeten, die Tür des Hauses zu öffnen, damit der Messias eintreten könne. Das stimmt ganz und gar nicht. Wisse, dass der Messias nicht durch die Tür hereinkommt, sondern durch den Geist."

✡

„Das Volk Israel wurde mit dem Ölbaum verglichen. Im Fall eines Brandes gehört der Ölbaum zu den ersten Bäumen, die Feuer fangen. So ist es auch, wenn in der Welt Feuer ausbricht: Das Volk Israel wird als Erstes davon erfasst."

✡

Levi Jizchak von Berditschew sprach das folgende Gebet:

„Meister der Welt, ich möchte dich fragen, was Israel in deinen Augen darstellt. Es dauert schon sehr lange Zeit, dass du dich nicht mehr um dein Volk kümmerst. Du hast auf der Welt viele Völker, und jedes von ihnen behauptet, sein Gott sei der wahre Gott. Die Russen sagen: ‚Unser Gott ist der König der Welt!' Die Deutschen sagen: ‚Unser Reich dauert ewig!' Die Engländer sagen: ‚Unser König ist der Herr der ganzen Erde!' Und ich, Levi Jizchak, Sohn der Sara, ich sage: Dein Name sei geheiligt. Und ich rühre mich hier nicht mehr von der Stelle, bis du uns den Messias schickst!"

✡

Ausspruch des Baal Schem Tow: „Die Zukunft gehört denen, die die längste Erinnerung haben werden."

✡

Ausspruch des Nachman von Braslaw: „Das Böse kann sich in Gutes verwandeln und aus den größten Verirrungen kann sich die Befreiung erheben.“

Demut und Stolz

Die jüdische Tradition betrachtet den Propheten Mose als „den demütigsten aller Menschen". Er sagte nämlich von sich und seinem Bruder Aaron: „Wer sind denn wir schon?" Hingegen sagte der Patriarch Abraham von sich: „Ich bin nur Asche und Staub."

Der chassidische Meister Meir Schapira stellte sich die Frage: Liegt es nur an dieser Formulierung, die er aussprach, dass Mose als demütiger gilt als der Patriarch Abraham? Bringt nicht auch die Formulierung „Asche und Staub" eine große Demut zum Ausdruck?

Er gab zur Antwort: „Der Unterschied besteht darin, dass Abraham seine Formulierung Gott gegenüber gebrauchte, während Mose die seine an das Volk richtete."

Das erinnert an die Geschichte von Rabbi Jonathan Eibschitz, der beim Kippur-Gottesdienst einen Menschen mit großer Glut beten sah. Dieser rezitierte den Text des Rituals: „Zeit meines Lebens bin ich nur Staub, wie viel mehr erst nach meinem Tod."

„Neben einem solchen Menschen möchte ich beten!", sagte sich der Rabbi.

Wenig später sah er jedoch, dass der gleiche Mensch von gewaltigem Zorn erfüllt wurde, weil er erst als Vierter zum Vorlesen aus dem Gesetz aufgerufen wurde. Er sagte: „Was hat denn derjenige, der als Dritter aufgerufen wurde, mir voraus? Dem werde ich zeigen, wer ich bin!"

Überrascht sprach ihn der Rabbi an:

„Wie ist das möglich? Vor wenigen Augenblicken hast du noch gesagt, du seiest nur Staub und Asche, und jetzt redest du so daher!"

„Tatsache ist, lieber Rabbi, dass ich vor Gott nur Staub und Asche bin, aber vor diesem Menschen – da bin ich doch mehr!"

✡

Ausspruch des Nachman von Braslaw: „Der Messias wird erst kommen, wenn der Stolz aus der Welt verschwunden ist."

✡

Arie Leib sah eines Tages, wie sein Großvater Jizchak Meir von Ger eine bestimmte Anzahl von Heften mit Bibelkommentaren durchsah und dann eines nach dem anderen im Feuer des Kamins verbrennen ließ.

„Sind diese Aufzeichnungen überholt oder nicht ganz richtig, dass du sie so vernichtest?", fragte der Enkel seinen Großvater.

Dieser gab darauf zur Antwort: „Du musst wissen, dass man nach Aussage unserer Weisen das richtige Gesetzesstudium so betreiben muss, dass es einem dabei nur um das Studium als solchem geht und um das Anliegen, Gott die Ehre zu geben, nicht jedoch um das eigene Vergnügen oder Interesse. Ich sehe also die Aufzeichnungen durch, die ich in meinen Jugendjahren gemacht habe, und ich verbrenne sie, weil ich sehe, dass ich sie seinerzeit zur Befriedigung meines eigenen Ego und nicht zur Ehre des Himmels niedergeschrieben habe."

✡

Der Baal Schem Tow fragte sich, warum die Weisen des Talmud immer den Stolz verurteilten und die Demut priesen, wo doch nirgends in der Bibel stehe, dass man demütig sein müsse. Dieses Gebot findet sich im Übrigen auch nicht in den sechshundertdreizehn Geboten des Judentums. Nirgendwo steht geschrieben: „Du bist verpflichtet, demütig zu sein."

Er fand die Antwort: „In Wahrheit ist es so, dass die Demut sich nicht befehlen lässt. Das würde dann nämlich bedeuten, dass der Mensch sich selbst sagen würde: ‚Es stimmt zwar, dass ich meinen Mitmenschen in jeder Hinsicht überlegen bin, aber da mir die Torah verbietet, stolz zu sein, und mir im Gegenteil gebietet, demütig, zu sein, darum …' Diese Art von Demut, die nicht aus dem Tiefsten der Seele käme, wäre falsch und abwegig. Die wahre Demut kommt aus dem Herzen, nicht aus dem Gehirn. Sie muss auf ganz einfache Weise unseren ganzen Charakter beseelen."

✡

Im Buch Levitikus (10,1–2) wird erzählt, wie die beiden Söhne des Priesters Aaron, Nadab und Abihu, beim Rauchopfer umkamen. Die Kommentatoren fragen sich, welchen Fehler sie begingen. Hatten sie tatsächlich im Zustand der Trunkenheit das Heiligtum betreten? Oder mussten sie wegen ihrer Eitelkeit und ihrem törichten Ehrgeiz sterben, der sie anscheinend sagen ließ: „Die beiden Alten, Mose und Aaron, werden bald sterben. Dann bekommen wir ihre Stellen."?

Nach Rabbi Levi, einem Weisen des 3. Jahrhunderts, kamen die beiden jungen Männer deshalb um, weil sie den Mädchen Israels, die sie gerne geheiratet hätten, großes Leid zugefügt hätten. Sie seien derart überheblich gewesen und hätten sich für so wichtig gehalten, dass sie es vorgezogen hätten, unverheiratet zu bleiben, denn alle Mädchen, denen sie begegneten, hielten sie nicht für ihrer würdig.

✡

Der Sohn von Hafez Haim war dabei, seinem Vater die Briefe vorzulesen, die man diesem von allen vier Enden der Welt geschrieben hatte. Darin wurde er ein „Genie“ genannt, das „Licht seiner Generation“, der „Meister der Diaspora“ und so weiter. Angesichts derart vieler rühmender Äußerungen stieß der Rabbi einen tiefen Seufzer aus.

„Warum seufzest du, Vater? Schließlich sagen alle diese Briefschreiber, so kommt´s mir vor, nichts als die schlichte Wahrheit!“

„Genau deshalb seufze ich. Sollte unsere Generation denn tatsächlich derart arm und bar aller großen Menschen sein, dass einer wie ich als einer ihrer Meister gelten muss?“

✡

Ausspruch des Jonathan Eibschitz: „Zur Stunde des Streits und der Zwietracht ergreift auch noch der größte Einfaltspinsel das Wort, um seine Meinung kundzutun. Und erst dann, wenn der Friede hergestellt ist, findet jeder wieder den Platz, den er verdient hat.“

✡

Im Segensspruch, der bis in unsere Tage von den zum Stamm der Priester Gehörigen (den *kohanim*) über die Gläubigen gesprochen wird, heißt es unter anderem: „Der Ewige segne dich und behüte dich“ (Num 6,24). Die Kommentatoren stellen sich die Frage: Kann man also auch gesegnet sein, ohne behütet zu sein, und umgekehrt? Handelt es sich dabei nicht um ein und dasselbe?

In Wirklichkeit geht es um Folgendes: Wenn ein Mensch seine Geschäfte unter Gottes Segen gedeihen sieht, schleichen sich bei ihm gern Stolz und Überheblichkeit ein. Daher betet man darum, vor diesem Gefühl behütet zu werden.

Haim Ben Attar, die große Autorität des marokkanischen Judentums (im 18. Jahrhundert), schlug eine andere Auslegung vor: Der Segen selbst könne sich in einen Fluch verwandeln, wenn man nicht recht mit ihm umzugehen wisse. Vor diesem Risiko bitte man, behütet zu werden.

✡

Warum sagt man uns im biblischen Bericht, dass „der Mann Mose sehr demütig war" (Num 12,3)? Ist das erste Wort dieses Verses nicht unnötig? – Damit soll gesagt werden, dass seine Demut grundsätzlich jedem Mann möglich sei.

✡

Ausspruch des Mendel von Kozk: „Der Stolz nimmt beim Menschen in dem Maß zu, in dem sich seine anderen Süchte mindern."

✡

Ausspruch des Mendel von Kozk: „Es gibt Menschen, die setzen sich von der Gesellschaft einzig zu dem Zweck ab, um zu sehen, ob die anderen merken, dass sie sich abgesetzt haben."

✡

Ausspruch des Baal Schem Tow: „Die Quelle der Traurigkeit ist der Stolz. Dann denkt der Mensch, er habe auf alles ein Recht."

✡

Ausspruch des Mendel von Kozk: „Es gibt bei einer bestimmten Art der Anbetung Gottes einen ichsüchtigen Zug, der sie dem Götzendienst ähnlich werden lässt. Denn was für einen Unterschied macht es, ob ein Mensch sich vor einer Statue niederwirft oder sich zum Götzen seiner selbst macht?"

✡

Der Baal Schem Tow musste seine Tochter verheiraten. Er sandte einen seiner Schüler, Baruch von Medsibosch, aus, um Erkundigungen über den Mann einzuholen, der sein Schwiegersohn werden sollte. Als dieser zurückkam, fragte er ihn:

„Wie ist er also?"

„Auf alle Fragen, die ich ihm gestellt habe, hat er sich mit den Antworten begnügt: ‚Ich weiß es nicht', ‚Das ist mir unbekannt', ‚Das kann ich euch nicht sagen'."

Da wandte sich der Baal Schem Tow an seine Tochter und sagte zu ihr: „Wenn er so ist, gebe ich zu dieser Heirat meine Zustimmung. *Massel tow!*"

✡

Rabbi Nahum von Biala begegnete zum ersten Mal der Frau, die man ihm für eine zweite Ehe vorgeschlagen hatte. Er sagte zu ihr:

„Wenn man Ihnen sagt, ich sei ein gelehrter Mann, so glauben Sie kein Wort! Wenn man Ihnen sagt, ich sei gerecht, dann stimmt das nicht! Und dass ich meinen Lebensunterhalt ganz gut verdiene, dann ist das nicht wahr!"

„Also gut, das sind Ihre Mängel. Und was sind Ihre Stärken?"

„Ich habe nur eine: Ich sage immer die Wahrheit!"

✡

„Der Stolz", sagte Zadok Hakohen von Lublin, „kommt nicht nur anderen gegenüber zum Ausdruck. Der Mensch kann genauso sich selbst gegenüber stolz sein."

✡

Das ist der Unterschied zwischen einem guten und einem verkehrten Menschen:

Der Patriarch Abraham bat Gott um die Verschonung ausnahmslos aller Menschen von Sodom und Gomorra. Aber der ägyptische Pharao wollte nur seine eigene Haut retten; er sagte: „Betet auch für mich!" (Ex 8,24). Im Übrigen schenkte er all dem, was sein Volk erleiden musste, keinerlei Beachtung.

✡

Ausspruch des Levi Jizchak von Berditschew: „So groß war die Weisheit des Königs Salomo, dass sie alle erdenklichen Ausdrucksformen annehmen konnte, sogar die der reinen Torheit."

✡

Rabbi Haim Ben Attar erklärte folgendermaßen das dritte der Zehn Gebote, „Du sollst den Namen des Ewigen, deines Gottes, nicht zur Bekräftigung einer Lüge anrufen": „Das bedeutet, dass man nicht versuchen soll, sich vor den anderen frömmer zu gebärden, als man in Wirklichkeit ist."

✡

Ausspruch des Rabbi von Lublin: „Ich liebe den Schlechten, der sagt, dass er schlecht sei, mehr als den Gerechten, der sagt, dass er gerecht sei."

✡

Abraham Jehoschua Heschel von Apt war für seine Liebe zu einfachen Leuten bekannt. Eines Tages kam eine Frau zu ihm und wollte auf seinen Schreibtisch ein Stück Papier legen, auf das sie einige Wörter gekritzelt hatte. Aber der Rabbi wies seinen Assistenten an, ihr schlicht und einfach zu verbieten, auch nur das kleinste Fetzchen Papier abzulegen, und zu der Frau sagte er: „Da kommst du zu mir, wo du dich doch nicht geschämt hast, gestern öffentlich diese Sünde zu begehen! Wie wagst du es da noch, die Schwelle meines Büros zu übertreten?"

Die Frau wurde bleich. Sie wäre am liebsten im Boden versunken. Mit Tränen in den Augen hatte sie dennoch den Mut, dem Rabbi zu erwidern: „Rabbi, du weißt, dass Gott die Herzen durchschaut. Er kennt die Sünden eines jeden von uns, aber er demütigt niemanden. Ja mehr noch: Er verspricht denen Vergebung, die entschlossen sind, zu bereuen. Aber der Rabbi von Apt kann sich nicht beherrschen und muss die Mängel einer armen Frau öffentlich bekannt geben, wo ich doch deswegen gekommen bin, um meine Trauer und Ratlosigkeit zu bekennen!"

Da war der Rabbi an der Reihe, zu weinen, als er entdeckte, was die Frau auf ihr Stück Papier geschrieben hatte.

Später erzählte der Rabbi diesen Vorfall seinen Schülern und fügte hinzu: „Ich wurde von einer ganz einfachen Frau eines Besseren belehrt. Sie hatte natürlich mit jedem ihrer Worte, die sie äußerte, ganz und gar Recht!"

✡

Bezüglich der Wüste Sinai sagten die Gesetzeslehrer, Gott habe nicht zu versprechen gewünscht, dass seine Gegenwart auf den Meeren oder den Bergen ruhe, sondern einzig in der Wüste, so wie geschrieben steht: „Die Wüste und der verbrannte Boden sollen sich freuen" (Jes 35,1). Das bedeute in Wirklichkeit, dass Gott seine Gegenwart nur demjenigen offenbare, der sich in seinen eigenen Augen wie eine Wüste vorkomme und sich dessen bewusst sei, dass er trotz allem, was er schon habe lernen können, noch nichts wisse und einer Wüste gleiche, die noch kein Mensch aufgesucht habe.

Einzig der Mensch, dem dies bewusst geworden sei, verdiene es, dass sich die Gegenwart Gottes ihm offenbare.

✡

Ausspruch von Raphael von Brachd, Schüler des Pinchas von Koriz: „Gott hat uns die Gnade erwiesen, uns jede Form des Stolzes zu verbieten und uns aufzufordern, immer demütig zu sein. Stellt euch jedoch einen Augenblick lang vor, er hätte von uns das Gegenteil verlangt: Worauf hätte denn ich selbst überhaupt stolz sein können?"

✡

Ausspruch des Hanoch Alexander: „Ich habe noch nie Eifersucht verspürt. Wo hätte ich die Zeit gefunden, mich mit meinen Gefährten zu vergleichen? Ich war nur mit mir selbst beschäftigt!"

✡

Der Rabbi Abraham Jehoschua Heschel von Apt kam eines Tages zu Besuch in eine jüdische Gemeinde in der Diaspora. Er hatte die Möglichkeit, entweder bei einem guten Bekannten Quartier zu finden, der beim Einhalten der Gebote äußerst streng, aber auch sehr stolz war, oder bei einem Gläubigen, der von großer Einfachheit war, aber sich nur recht mäßig um das Einhalten der verschiedenen Gebote kümmerte.

Er entschied, beim Letzteren Wohnung zu nehmen. Angesichts dieser Wahl äußerte man hie und da etwas Verwunderung. Der Rabbi erklärte seine Wahl so: „Gott hat gesagt, er verstehe sich mit einem Stolzen nicht besonders gut (Talmud, Traktat *Sota* 5b). Umgekehrt steht geschrieben, dass Gott sich bei seinem Volk Israel ‚in seiner Unreinheit' aufhalte. Wenn aber Gott sich so verhält, warum, so frage ich euch, sollte ich mich zieren?"

✡

Ausspruch des Noach von Leibowitz: „Wenn ein Mensch in seinen eigenen Augen klein ist, ist er in Wirklichkeit eine Welt. Wenn er sich für die Welt hält, dann ist er in Wirklichkeit klein."

✡

Ausspruch des Schneur Salman von Liadi: „Sei mit wenigem zufrieden. Das ist das beste Mittel gegen die Schwermut."

✡

Der Berg Sinai war der kleinste der Berge. Israel war das kleinste der Völker. Mose war der demütigste der Menschen.

Das ist die Größe der Torah: dass sie den Menschen lehrt, demütig zu sein.

✡

Vor seinem Sterben empfahl der Baal Schem Tow den Mitgliedern seiner Gemeinde, an ihre Spitze nur einen Mann zu berufen, der wisse, wie man dem Stolz ein Ende setzen könne.

Nach seinem Tod erklärten alle befragten Kandidaten mit großer Selbstsicherheit, auf welche Weise man den Stolz überwinden könne.

Als Pinchas von Koriz an die Reihe kam, erklärte er: „Das ist die einzige Furcht, die ich habe: dass ich zuweilen dem Gefühl des Stolzes nachgebe. Und ich weiß absolut nicht, wie man ihn bekämpft."

Ihn wählten sie.

✡

Ausspruch des Pinchas von Koriz: „In jeder Sünde steckt ein gutes Stück eigene Anstrengung. Nur für den Stolz braucht der Mensch nichts zu tun: Er liegt breit in seinem Sessel und tut sich überhaupt nicht schwer damit, von seiner Wichtigkeit überzeugt zu sein."

✡

---

[9] Anm. d. Ü.: In Wirklichkeit sind das die letzten Verse der fünf Bücher Moses, des „Pentateuch", der als der Kern der Heiligen Schrift der Juden gilt, weshalb er hier einfach als „die Bibel" bezeichnet wird.

Ein Mann wandte sich mit einer derart übertriebenen Demut an Hafez Haim, dass dieser schließlich zu ihm sagte: „Warum machst du dich so klein, wo du doch gar nicht so groß bist?"

✡

Als er noch ein Kind war, fragte der Rabbi Pinchas Alter seinen Vater:

„Warum beschließt die Bibel, nur in den letzten Versen des Deuteronomiums von Mose als von einem ‚Mann Gottes' zu sprechen?"

„Mose war von sehr großer Demut. Er dachte nur selten an sich selbst. Aber zur Zeit, als er aus der Welt schied, war es angebracht, dass die Bibel uns dennoch sagte, was Mose war."

✡

Ausspruch des Rav Israel Salanter: „Der Mensch hat zwei Augen. Mit dem einen muss er die Vorzüge seiner Mitmenschen ansehen und mit dem anderen muss er seine Mängel betrachten."

✡

Ausspruch des Dichters Mosche Ibn Esra: „Gott hat den Garten Eden erschaffen und hat allen stolzen Menschen verboten, ihn zu betreten."

✡

„Dort starb Mose, der Knecht des Ewigen" (Dtn 34,5). Dieser Vers der Bibel löst bei allen Kommentatoren Verwunderung und Fragen aus: Wie hat Mose von seinem eigenen Tod und dem großen Schmerz, den er im Schoß des Volkes Israel auslöste, berichten können? Die Gesetzeslehrer geben verschiedene Antworten darauf. Die einen sagen, diese letzten Verse der Bibel[9] seien in Wirklichkeit von Josua geschrieben worden, dem Nachfolger Moses. Die anderen vertreten, Mose selbst habe sie verfasst, wobei Gott sie ihm diktiert und er sie unter Tränen geschrieben habe.

Rabbi Schlomo von Radomsk war der Auffassung, dass Mose nicht deshalb beim Schreiben dieser letzten Bibelverse Tränen vergossen habe, weil darin sein Tod angekündigt wurde, sondern weil er sich auf Anordnung Gottes gezwungen gesehen habe, sich selbst eine Reihe von Komplimenten zuzuschreiben: „Mose war der demütigste aller Menschen" und „Es trat in Israel kein Prophet wie er mehr auf".

✡

Schneur Salman von Liadi, einer der Begründer der chassidischen Bewegung, befand sich eines Tages in der Bibliothek eines russischen Rabbis, der dem Kreis der Gegner des Chassidismus (der *mitnagdim*) angehörte. Da sah er auf einmal, dass in der Bibliothek ein Buch auf dem Boden herumlag. Als er erkannte, dass es sich dabei um das Werk des großen Meisters Elimelech von Lisensk handelte, hob er das Buch auf, schloss es in die Arme, streichelte es und drückte es an sein Herz.
„Wer ist denn der Verfasser dieses Werks, das Ihnen offensichtlich so kostbar vorkommt?"

„Das war ein Jude, dessen Demut so groß war, der sich um alles in der Welt nicht beklagt hätte, wenn Sie sein Buch hier in der Bibliothek unter den Schrank geschoben hätten."

✡

Ausspruch des Abraham von Salonim: „Es fällt dem Menschen leicht, vor einem Wichtigeren als ihm selbst zurückzutreten. Man kann auch vor einem Kleineren als einem selbst zurücktreten. Aber schwierig ist es, vor einem Menschen gleichen Ranges zurückzutreten."

✡

Im Traktat der Väter heißt es: „Die Ehre deines Nächsten sei dir genauso kostbar wie deine eigene" (2,15). Rabbi Schmelke von Nikolsburg erklärte diesen Vers so: „Genau wie die Ehre, die du dir selbst zuschreibst, keinerlei Bedeutung hat, so sollte auch die Ehre, die dir dein Nächster zuschreibt, für dich keine Bedeutung haben."

✡

Ausspruch des Rabbi Baruch, Enkel des Baal Schem Tow: „Das Wort ‚Adam' besteht aus den ersten Buchstaben der Namen von Abraham, David und Mose. Alle drei waren demütig. Abraham sagte: ‚Ich, Staub und Asche' (Gen 18,27); David sagte: ‚Ich bin ein Wurm und kein Mensch' (Ps 22,7). Mose aber sagte: ‚Und wir, was sind wir?' (Ex 16,7).

Aber in Wahrheit gibt es beim demütigen Verhalten noch eine höhere Stufe: dass man überhaupt nichts sagt."

Nächstenliebe und Mitleid

„Warum", so fragte sich Mendel von Rymanow, „spricht man keinen Segen aus, bevor man Mildtätigkeit übt?"

„Weil man den Segen grundsätzlich mit Freude sprechen muss und man eine Mildtätigkeit nie mit freudigem Herzen ausführt."

✡

Rabbi Simson Wertheimer von Wien forderte eines Tages seinen Buchhalter auf, ihm seine Kontostände vorzulegen. Der Buchhalter tat dies.

„Ich meinte nicht diese Kontostände", entgegnete der Rabbi. „Denn diese Güter sind mir von Gott nur vorläufig anvertraut, und es ist klar, dass sie morgen einem anderen gehören werden. Ich bitte dich, mir das Buch zu zeigen, in dem ich die verschiedenen Summen verzeichnet habe, die ich an die Armen austeilen konnte. Das sind die einzigen, die mir wirklich gehören."

✡

Man fragte Rabbi Ascher Rothschild von Frankfurt, auf wie hoch er sein Vermögen veranschlage. Darauf gab er die Antwort: „Nur das Geld, das ich den Armen gegeben habe, gehört mir tatsächlich. Der Eigentümer von allem Übrigen ist in Wirklichkeit Gott, wie der Prophet sagt: ‚Mir gehört das Silber und mir das Gold, spricht der Ewige'" (Hag 2,8).

✡

Rabbi Arye Leib Alter von Ger (1847–1905), der Verfasser des Werks *Die Zunge der Wahrheit*, schrieb: „Es ist eigenartig, dass Gott sagt: ‚Mir gehört das Silber und mir das Gold!' (Hag 2,8). Wie wenn ihm nicht auch alles andere gehören würde! In Wahrheit will Gott damit dem Volk Israel Folgendes sagen: Ihr müsst so handeln, dass das Silber und Gold mir geweiht ist und es im Namen Gottes dafür ausgegeben wird, den Armen und Bedürftigen zu helfen."

✡

Als während des Durchzugs durch das Rote Meer die Ägypter vom Wasser überflutet wurden, wollten die Engel anscheinend zu singen anfangen. Gott aber sprach zu ihnen: „Was? Meine Geschöpfe sind gerade am Ertrinken, und da wollt ihr ein Lied anstimmen? Es gehört sich nicht, dass man singt, wenn Menschenwesen in äußerster Not sind!"

✡

Man fragte den Rabbi von Sapoli:

„Wie ist es möglich, dass Sie Dieben zu Hilfe kommen, wie Sie das getan haben?"

„Ich tue das, weil im Himmel die Pforten des Mitleids verschlossen sind. Da schicke ich meine Diebe los und sie sprengen die Schlösser auf!"

✡

Es steht geschrieben: „Unterdrückt niemals eine Witwe oder Waise" (Ex 22,21). Da stellt sich die Frage: Warum geht der Text, der bis dahin in der zweiten Person Einzahl sprach („Du sollst den Fremden nicht betrüben"), hier mit einem Mal in die Mehrzahl über?

Der Kommentator Abraham Ibn Esra meinte, der Text wolle uns damit sagen, dass die Zeugen der Unterdrückung der Witwe und der Waise ein gutes Stück Mitverantwortung an dieser Unterdrückung tragen.

✡

Ausspruch des Mosche Leib aus Sassow: „Seinen Mitmenschen zu lieben, ihn wahrhaft zu lieben, das heißt, seine Bedürfnisse zu spüren und sein Leiden in sich zu tragen."

✡

„Die wirkliche Wiederherstellung der Welt", sagte Mendel von Kozk, „geschieht dadurch, dass man den anderen liebt und Mitleid mit ihm hat."

✡

Man fragte den Meister Yaakow Yitzchak von Pzysha, warum das Fleisch des Storches in die Kategorie der unreinen Speisen falle. Im Hebräischen heiße er doch *chassida*, „die Hingebungsvolle", weil er die Seinen so sehr liebe.

„Genau deshalb", gab der Meister zur Antwort: „Weil er sich ausschließlich den Seinen hingeben will."

✡

Der Rabbi eines Dorfes hatte wegen einer anhaltenden Dürre ein öffentliches Fasten angeordnet. Aber trotz des Fastens und aller Gebete regnete es immer noch nicht. Eines Tages sprach ein Diensthabender in der Synagoge das traditionelle Gebet um Regen, und unverzüglich ging eine wahre Sintflut nieder und wollte gar nicht mehr aufhören.

„Was ist dein Geheimnis?", fragte ihn der Rabbi. „Was hast du getan, dass dein Gebet so unverzüglich erhört wurde?"

„Ich bringe Kindern das Lesen bei, denen der Reichen genauso wie denen der Armen. Und ich höre nie mit dem Unterrichten auf, selbst wenn die armen Eltern mir keine einzige Kopeke mehr bezahlen können."

✡

Im Talmud lehrte Rabbi Yehuda, dass es verboten sei, schon zu essen, bevor man sein Haustier gefüttert habe. Es stehe nämlich geschrieben: „Ich gebe deinem Vieh sein Gras auf dem Feld und du kannst essen und satt werden" (Dtn 11,15). Das Vieh werde hier ganz klar an erster Stelle genannt.

✡

„Du sollst vor deinem armen Bruder nicht deine Hand verschließen" (Dtn 15,7). Im Anschluss an dieses Gebot, laut dem man den Armen zu Hilfe kommen muss, lehrte Rabbi Aaron Halevi, dass es besser sei, seine Gabe anonym einem Dritten auszuhändigen, der sie dann an den Bedürftigen weitergeben solle. Auf diese Weise werde der Arme nicht gedemütigt.

Zudem sei der Bedürftige, der Gaben empfange, auch seinerseits verpflichtet, solchen, die noch ärmer seien als er selbst, zu Hilfe zu kommen. Das Gebot der Nächstenliebe gelte nämlich genauso im Hinblick auf Reiche: Auch ihnen müsse man in zeitweiligen Schwierigkeiten helfen.

Der Rabbi fügte hinzu, dass man diese *Zedaka* auch in der Form üben könne, dass man Menschen, die unter etwas litten, trostreiche Worte schenke.

✡

Dem Rabbi Schmelke von Nikolsburg stellten einige Schüler die folgende Frage:

„Gewiss sind wir gehalten, unseren Nächsten wie uns selbst zu lieben, aber wie ist es möglich, die Sünder und die Verkehrten, die die Gebote der Torah völlig missachten, zu lieben?“

„Ihr wisst zweifellos nicht, dass die Seele jedes Menschen ihrem Wesen nach göttlich ist. Da frage ich euch: Wie ist es möglich, diesen göttlichen Teil eines Menschen nicht zu lieben?“

✡

Jizchak Eisik aus Sidatschow sagte: „So wurde die Welt erschaffen: Jeder Mensch muss es fertigbringen, zu geben, jedoch auch, sich etwas geben zu lassen. Wer sich nicht auf das eine genauso gut wie auf das andere versteht, gleicht einem unfruchtbaren Baum.“

✡

Ausspruch des Pinchas von Koriz: „Um einen gewöhnlichen schlechten Menschen zu lieben, genügt es, ein gewöhnlicher rechtschaffener Mensch zu sein. Aber um einen ganz besonders schlechten Menschen lieben zu können, muss man ein ganz besonders rechtschaffener Mensch sein.“

✡

Rabbi Haim von Brisk rief während des Ersten Weltkriegs wohlhabende Juden zusammen, um sie aufzufordern, dabei mitzuhelfen, die zahlreichen jüdischen Gefangenen, denen es an allem fehlte, mit Nahrungsmitteln zu versorgen.

Ein junger Rabbi fragte ihn: „Warum kümmern Sie sich darum, ihnen Brot zu verschaffen, statt ihnen Gebetbücher zu besorgen?"

„Weil ein einziges Buch für alle ausreichend sein kann. Ein einziges Brot dagegen kann sie gewiss nicht vor dem Hungertod bewahren!"

✡

Rabbi Jizchak Worker sagte: „Alle Fehler, auch die schlimmsten, haben ihren Nutzen. Die Sturheit, der Stolz oder der Zorn lassen sich in bestimmten Fällen in den Dienst guter Anliegen nehmen. Aus diesem Grund hat Gott sie geschaffen. Aber bezüglich des Unglaubens stellt sich die Frage: „Inwiefern kann er dem Menschen irgendwie nützlich sein?"

Und er fuhr fort: „In Wahrheit kann auch er zu etwas dienen, wenn es um die Nächstenliebe geht. Da stellt sich ein Armer einem Reichen vor und schildert ihm seine Missgeschicke. Und statt dass der Reiche so reagiert, dass er mit der Hand in die Tasche greift, fängt er an, ihn mit gütigen Worten zu trösten und ihm zum Beispiel zu sagen, er solle seine Hoffnung auf Gott nicht verlieren und zu ihm beten, dass er ihm zu Hilfe komme.

Nun, im Hinblick auf solche Menschen hat Gott den Unglauben erschaffen: Damit dieser Reiche selbst, der solche gute Ratschläge gibt, kein solches Vertrauen auf Gott habe, und dass er also für einen Augenblick ein Ungläubiger sei."

✡

Als Jom Tov in der Stadt Krouka zum Rabbi ernannt wurde, gab es in der Stadt einen Mann namens Schimon, der reich wie Krösus und habgierig wie kein anderer war. Das ging so weit, dass sein Name in der Stadt ganz allgemein zur Bezeichnung eines Geizhalses wurde. Er drehte, mit Heinrich Heine gesprochen, jeden Dukaten zehnmal in seiner Tasche um, bevor er ihn ausgab. Seit Menschengedenken hatte er noch nie einen Pfennig jemandem oder einer wohltätigen Einrichtung gegeben.

Zur selben Zeit standen zwei Arbeiter, die arm wie Ijob waren, in der Stadt im Ruf, unglaublich viel zu spenden. Das war ganz einfach: Sooft sich jemand an sie wandte, bekam er eine großzügige Gabe.

Als der schwerreiche Schimon starb, geleiteten ihn nur sehr wenige Menschen zu seiner letzten Ruhestätte. Er wurde in aller Stille in dem Bereich des Friedhofs begraben, der damals für die unbedeutenden und obdachlosen Menschen vorgesehen war.

Von da an gaben die beiden Arbeiter keinem einzigen Menschen auch nur noch einen Pfennig. Das sorgte in der Stadt für große Aufregung. Der Rabbi ging dieser Sache nach und brachte die beiden schließlich so weit, dass sie den Grund dafür preisgaben. Alles, was sie bisher großzügig verteilt hatten, war ihnen von Schimon zu diesem Zweck ausgehändigt worden. Schimon aber war sein Leben lang ganz entschieden darauf bedacht gewesen, ja nicht zu Ehren zu kommen. Darum hatte er diesen diskreten Weg gewählt und sie beide schwören lassen, sein Geheimnis zu wahren.

Rabbi Jom Tov verfügte hierauf in seinem Testament, er bitte um die Ehre, nach seinem Tod direkt neben Schimon begraben zu werden.

✡

Ausspruch des Ascher von Salulin: „Es ist ganz natürlich, dass jeder Mensch mit sich selbst Erbarmen hat. Aber heute ist es an der Zeit, mit Gott Erbarmen zu haben."

✡

Am Tag, als der erste Mensch seinen Fuß auf den Mond setzte, fragte ein Journalist den Rabbi Yosef Cohenman, Leiter eines Talmudkollegs in Bne Brak, welche Gedanken ihm bei diesem Ereignis kämen. Seine Antwort lautete: „So hat es der Mensch also bis zum Mond geschafft. Aber wann wird er es bis zum Menschen schaffen?"

✡

Ausspruch des Israel Salanter: „Der Mensch muss sich zuerst um die spirituellen Bedürfnisse kümmern, ehe er sich um die materiellen Bedürfnisse kümmert. Das gilt auf jeden Fall, wenn es um die eigenen Bedürfnisse geht. Geht es dagegen um die Bedürfnisse anderer, so muss man sich an erster Stelle um die materiellen Bedürfnisse kümmern."

✡

Der weise Mendel von Rymanow ließ bei sich daheim Brote backen und täglich an die Armen austeilen. Eines Tages stellte er fest, dass die Brote sozusagen „geschrumpft" und folglich viel kleiner als gewöhnlich waren. Er fragte seine Hausangestellten nach dem Grund.

„Rabbi, das Mehl ist praktisch doppelt so teuer geworden wie bisher!"

„Aber ihr wisst doch, dass ihr dieses Brot nach dem Hunger der Armen bemessen müsst und nicht nach dem Preis des Mehls!"

✡

Mendel von Kozk hatte die Angewohnheit, sich beim Vers „Du sollst deinen Nächsten lieben wie dich selbst" (Lev 19,18) immer wieder Fragen zu stellen.

„‚Wie dich selbst'? Erstaunlich! Kann, muss der Mensch sich selbst lieben? Steht das nicht in absolutem Widerspruch zu dem, was man in Kozk gelernt hat und lehrt, nämlich, dass der Egoismus die Wurzel des Bösen sei? Haben wir nicht gelernt, dass vor allem die Eigenliebe zur Gaunerei, zum Schwindeln und zum Betrügen führe?

Man will uns damit in Wahrheit beibringen, dass der Mensch sich genauso um die Verbesserung seines Nächsten bemühen soll, wie er seine tägliche Sorge darauf richten muss, sich selbst zu vervollkommnen und aufzubauen. Wir müssen mit ihm so umgehen, wie wir mit uns selbst umgehen."

✡

Ausspruch des Jizchak Worker: „Ein Mensch mag alle Gebote der Torah in die Praxis umsetzen, die die Beziehungen des Menschen zu Gott betreffen, ja er mag sogar bis auf die höchsten Gipfel der Gottesliebe steigen – das alles ist nichts, wenn er nicht wirklich aufmerksam darauf achtet, worunter die Menschen leiden."

✡

Eine Frau kam zum chassidischen Meister Mosche Leib in Sassow und bat ihn:

„Ich möchte Sie für meine Tochter beten hören. Sie ist krank und schwebt in Lebensgefahr."

„Ich wünsche, Gott möge ihr eine rasche Heilung gewähren."

„O nein, Rabbi, das genügt nicht. Und seien Sie gewiss: Ich werde mich so lange nicht hier von der Stelle rühren, bis Sie mir feierlich auf den Ihnen in der kommenden Welt zustehenden Anteil schwören, dass meine Tochter gesund wird."

„Also gut, ich schwöre auf den mir in der kommenden Welt zustehenden Anteil, dass deine Tochter gesund wird."

Wenige Tage danach starb die junge Frau. Da fragte einer seiner Schüler den Meister:

„Was haben Sie sich eigentlich dabei gedacht, als Sie einen solchen Schwur taten, wo Sie doch wussten, dass diese junge Frau unheilbar krank war?"

„Ich sage dir, die gesamte kommende Welt ist nicht so viel wert wie eine Stunde des Trostes, die ich in jenem Augenblick dieser Mutter schenken konnte."

✡

Ausspruch des Schlomo von Karlin: „Wenn du einen in den Schlamm gefallenen Menschen aufheben willst, dann glaube nicht, es genüge, dass du draußen bleibst und ihm die Hand hinstreckst. Du musst selbst ganz in diesen Schlamm hineinsteigen, ihn packen und heraustragen."

✡

„Die Torah", sagte Bunam von Pzysha, „verlangt vom Hohen Priester, dass er seine Kleider wechselt, wenn er am Kippurtag im Tempel von Jerusalem ans Allerheiligste kommt. Seine Aufgabe besteht unter anderem darin, die Asche zu entfernen. Warum? Der Grund ist einfach: Wenn er sich ganz und gar in einen Bereich der Heiligkeit und des intensiven geistlichen Lebens begibt, läuft er Gefahr, sich nicht um das zu kümmern, was ebenfalls ganz wesentlich ist: um die materiellen Probleme des Volkes. Daher wird von ihm verlangt, er solle seine Alltagskleider tragen. Das erinnert ihn an seine Pflicht, in erster Linie darum zu beten, dass die Gläubigen das ganze kommende Jahr hindurch ihr Auskommen haben.

Er darf nicht die Alltagssorgen und Mühen der Menschen vergessen."

✡

Levi Jizchak von Berditschew legte den Vers „Liebe deinen Nächsten wie dich selbst" (Lev 19,18) so aus: „Wenn du dich selbst genau überprüfst, findest du zweifellos zahlreiche Fehler und Mängel. Aber trotzdem liebst du dich grenzenlos. Auf die gleiche Weise, nämlich mit grenzenloser Liebe, musst du auch deinen Nächsten lieben, trotz der Mängel, die er haben mag."

✡

Rabbi Isser Meltzer von Jerusalem hatte die Gewohnheit, eigenhändig die Haustür zu öffnen, wenn ein Besucher anklopfte. Als er eines Tages krank im Bett lag und draußen ein heftiges Unwetter tobte, klopfte jemand. Es war Mitternacht und einer der Schüler des Rabbi rief:

„Wer ist da?"

Da rügte ihn der Rabbi:

„Fragt man denn: ‚Wer ist da?', wenn es so spät und so schlechtes Wetter ist? Öffne auf der Stelle die Tür!"

✡

Ein Armer kam zum Rabbi Mendel von Rymanow. Er schilderte ihm sein ganzes Unglück und die tagtäglichen Schwierigkeiten seines Lebens. Rabbi Mendel nahm eine gewisse Summe und gab sie dem Armen. Dieser bedankte sich und ging Richtung Ausgang. Da rief ihn der Rabbi noch einmal zu sich und übergab ihm noch einen weiteren Betrag.

Seine Angehörigen fragten ihn später, warum er das so getan habe. „Das ist einfach", sagte der Rabbi. „Die erste Summe habe ich ihm gegeben, weil mich die Schilderung seines Unglücks tief erschüttert hatte. Das heißt, diesen ersten Betrag habe ich ihm um meinetwillen ausgehändigt, nämlich um meine eigene Erregung zu besänftigen. Den zweiten Betrag gab ich ihm, um der *mizwa* Genüge zu tun, dem Gebot, das uns verpflichtet, den Armen und Bedürftigen zu Hilfe zu kommen."

✡

„Das ist die Abgabe, die ihr von den Kindern Israels erheben sollt: Gold, Silber und Kupfer" (Ex 25,3). Baruch von Medsibosch erklärte diesen Vers seinen Schülern so: „Bei der Ausübung der Nächstenliebe gibt es drei Stufen. Manche spenden etwas, solange sie sich vollständiger Gesundheit erfreuen: Das ist eine Nächstenliebe aus Gold. Dann gibt es Menschen, die erst bereit sind, etwas zu spenden, wenn sie krank sind oder alt werden und sich vor dem herannahenden Tod fürchten: Das ist eine Nächstenliebe aus Silber. Und schließlich gibt es noch solche, die sich zeit ihres Lebens schwertun, sich von ihrem Geld zu trennen, und es erst hergeben, wenn sie tot sind: Das ist eine Nächstenliebe aus Kupfer."

✡

Ein reicher Kaufmann kam zu Rabbi Pinchas von Ositla und händigte ihm eine bedeutende Summe aus, die er an die Armen verteilen sollte.

„Aber warum machen Sie das nicht selbst?“

„Weil ich nicht in der ganzen Stadt den Ruf haben will, ein großzügiger Spender zu sein. Dann würden mich alle Bettler der ganzen Gegend pausenlos belästigen und bedrängen. Das möchte ich aber auf jeden Fall vermeiden, um meine Ruhe zu behalten.“

„Dann nimm dein Geld wieder! Unsere Weisen haben den Brauch, insgeheim und anonym etwas zu geben, nicht dazu eingeführt, um Reichen wie dir Unannehmlichkeiten zu ersparen, sondern nur, um die Armen nicht zu demütigen.“

✡

Über die von Mose gegebene Anweisung „Du sollst deinem notleidenden und armen Bruder die Hand öffnen“ (Dtn 15,11) schrieb Maimonides (1135–1204), der große Meister des jüdischen Gesetzes: „Wer die Augen vom Armen abwendet, ist wie der Götzendiener und der Gottlose ... Wer das Almosen widerwillig gibt und dabei das Gesicht zum Boden kehrt, verliert das gesamte Verdienst seiner Tat, selbst wenn er tausend Goldstücke gäbe. Er muss dem Armen mit Zuneigung und Freude geben und an dessen Unglück Anteil nehmen.“

✡

Man fragte den Rabbi Mordekai Melakowitz:

„Warum teilen Sie alles Geld, das Sie verdienen, an die Armen aus?“

„Weil ich nicht mehr richtig schlafen kann, wenn ich es bei mir behalte.“

Reichtum und Armut

Als das Volk der Hebräer sich gegen Mose erhob und den Wunsch hatte, sich das Goldene Kalb anzufertigen, verlangte es von Aaron, dem Bruder Moses: „Auf, mach uns Götter!" (Ex 32,1). Da kam Aaron auf die Idee, die Leute aufzufordern, „die goldenen Anhänger von den Ohren ihrer Frauen abzunehmen". Er hoffte, dass diesen ihre Schmuckwaren so wichtig seien, dass sie sich weigern würden, sie herzugeben ...

In Wirklichkeit aber, so heißt es im biblischen Bericht, „nahm das ganze Volk die goldenen Ohrringe ab und brachte sie zu Aaron" (Ex 33,3). Vom Schmuck der Frauen ist dabei überhaupt nicht die Rede. Aus diesem Grund ist man in der Tradition der Ansicht, dass die Frauen an dem Ereignis mit dem Goldenen Kalb überhaupt nicht beteiligt gewesen seien.

✡

Ausspruch eines chassidischen Meisters: „Viele fragen sich, was sie aus diesem oder jenem Unglück für ihr Leben und Verhalten gelernt haben. Aber ich bin noch nie jemandem begegnet, der fragte, was er aus dem Umstand, glücklich und im Wohlstand zu leben, gelernt habe."

✡

Ausspruch des Mendel von Kozk: „Es steht geschrieben: ‚Du sollst dir keine Götter aus Metall gießen‘ (Ex 34,17). Das bedeutet: Lass dir nicht das Metall zum Gott werden!“

✡

„Seht, das ist ein Fasten, wie ich es liebe: die Ketten des Unrechts zu brechen, die Stricke aller Joche zu lösen, die Versklavten freizulassen, jedes Joch zu zerbrechen, dein Brot mit dem Hungrigen zu teilen, die obdachlosen Armen in dein Haus aufzunehmen …“

Warum wird im Lauf des feierlichen Kippurtages ausgerechnet dieser Auszug aus dem 58. Kapitel des Propheten Jesaja vorgelesen?

„Deshalb“, schreibt Shalom Rosenberg, „weil zur Einrichtung des Himmelreichs auch gehört, dass wir uns unserer Verantwortung für die Armen und Unterdrückten bewusst werden. Es handelt sich dabei nicht nur um eine individuelle Verantwortung, sondern auch um eine kollektive Verpflichtung, die das Volk als Ganzes wahrnehmen muss.“

✡

Ausspruch des Nachman von Braslaw: „Das Geld gleicht dem Feuer: Wenn man es gut zu gebrauchen versteht, kann es großartigen Dingen dienen, aber wenn es in schlechte Hände gerät, kann es auch sehr gefährlich werden.“

✡

Jaakow Aaron von Woloschin erklärte den Bibelvers „Ihr sollt euch neben mir keine Götter aus Silber machen, auch keine Götter aus Gold“ (Ex 20,23) so: „Gott sagt uns damit: Macht mit mir keine Geschäfte. Verdient euren Lebensunterhalt nicht damit, dass ihr euch dazu der Gottesfurcht bedient."

✡

Angesichts des Vorfalls mit dem Goldenen Kalb (Ex 32) fragte sich Rabbi Samuel Mohilever, warum die Hebräer, statt ein Goldenes Kalb anzufertigen, nicht Aaron zu ihrem Führer ernannt hatten, den sie gut kannten und sehr liebten. Laut diesem Kommentator muss man in dieser Geschichte eine Eigenheit der Massenpsychologie sehen: Die Menschen haben immer lieber einen, der von außen kommt, als einen aus ihren eigenen Reihen.

Und dennoch, so fügte er hinzu, habe die Einstellung der Kinder Israels in der Wüste auch etwas Positives an sich gehabt: Sie seien bereit gewesen, ihr Gold dafür abzugeben, dass man ihnen einen Gott mache. Heutzutage sei es umgekehrt: Da würden ungemein viele Menschen lieber ihren Gott gegen Gold eintauschen ...

✡

Ausspruch des Rabbi von Lublin: „‚Du sollst auch den Armen in seinem Rechtsstreit nicht begünstigen' (Ex 23,3), das soll heißen, dass man nicht die Partei Gottes ergreifen darf, wenn ihm ein Bettler den Prozess macht."

✡

Der chassidische Meister Meir von Premischlan erklärte den Vers „Du sollst das Silber als deinen Besitz zusammenbinden" (Dtn 14,25) folgendermaßen: „Du sollst unter allen Umständen der Meister deines Silbers bleiben, damit dieses niemals dein Meister werde."

✡

Rabbi Susja von Anapoli war ein „Reiserabbi", der seine Lehren öffentlich von Stadt zu Stadt trug. Wenn er nach Berditschew kam, nahm er regelmäßig bei einem Armen der Stadt Wohnung.

Im Lauf der Zeit war er immer bekannter und beim Volk beliebt geworden und hatte unter den Chassidim Hunderte von Schülern gewonnen. Eines Tages kam er in einer reich verzierten, von drei Pferden gezogenen Kutsche in Berditschew an. Da lud ihn auf der Stelle einer der reichen Männer der Stadt ein, in seinem Haus Quartier zu nehmen. Aber der Rabbi entgegnete ihm:

„Ich meine mich zu entsinnen, dass Sie nie auf die Idee gekommen sind, mich einzuladen, als ich noch arm und ohne eine Kopeke war. Der einzige Unterschied zwischen damals und heute ist aber bloß der, dass mich jetzt unterwegs diese Pferde begleiten. Früher ging ich zu Fuß, heute nicht mehr. Daher schlage ich Ihnen vor, Sie laden zu sich meine Pferde ein. Ich dagegen werde mich dort einquartieren, wo ich meiner Gewohnheit nach immer war."

✡

Levi Jizchak von Berditschew ergriff seinen Pilgerstab und zog los, um ein wenig Geld für eine junge Frau zu sammeln, die kurz vor der Heirat stand. Ein steinreicher Mann sagte zu ihm: „Richten Sie der Verheirateten meine Segenswünsche aus, und Gott stehe Ihnen bei!"

Darauf erwiderte der Rabbi: „Die Bibel erzählt uns, dass der König Melchisedek ‚Brot und Wein herbeibrachte und segnete' (Gen 14,18–19). Auch Sie müssen zuerst etwas beibringen, ehe Sie Ihre Segenswünsche übermitteln können."

✡

Uri von Strelisk wurde in der chassidischen Welt „der Engel" genannt. Er und seine Schüler waren für ihre extreme Armut bekannt. Sie beschäftigten sich derart ausschließlich mit den „Pflichten des Herzens" und ihren Gebeten, dass sie sich recht wenig um ihre materiellen Bedürfnisse kümmerten.

Eines Tages besuchte sie ein großer Meister in ihrem Lehrhaus und fragte den Rabbi Uri:

„Warum sind Ihre Leute in einer so elenden und armseligen Verfassung?"

„Weil sie das grundsätzlich so wollen. Sie haben sich entschlossen, die Reichtümer der Welt zu verschmähen."

Da wandte sich Rabbi Uri an einen seiner Schüler:

„Wenn dir jetzt jemand deine Wünsche erfüllen könnte, um was würdest du ihn bitten?"

„Ich würde mir wünschen, dass ich es fertigbrächte, mit genau der gleichen Glut und Begeisterung wie mein Meister das Morgengebet zu sprechen: ‚Gesegnet sei Er, der die Welt durch das Wort erschaffen hat!'"

✡

Ausspruch des Mosche Leib von Sassow: „Für den Armen ist es ganz leicht, sich Gott anzuvertrauen. Wem anderem sollte er sich denn anvertrauen? Aber wie schwierig ist es für einen Reichen, sein Vertrauen auf Gott zu setzen! Sein ganzes Vermögen ist zur Stelle und schreit ständig: ‚Vertrau du nur mir!'"

✡

Rabbi Jonathan von Prag sagte: „Wisst ihr, warum die Wucherer nicht die Auferstehung der Toten kennen werden? Weil man ihnen an dem Tag, an dem sie stattfindet, sagen wird: ‚Schlaft ruhig weiter, eure Zinsen hören nicht auf zu steigen.'"

✡

Ausspruch des Bär von Radoschitz: „Was macht der Arme falsch? Er stellt sich vor, der Reichtum werde ihm aus jeglicher Not heraushelfen."

✡

Der Brauch verlangte es, dass sich die Einwohner des Dorfes Wisnitz alle am Vorabend der Feier des Pascha auf dem Dorfplatz zu einem chassidischen Fest einfanden.

Da sah der Rabbi, dass auch der reichste Mann des Dorfes unter den Feiernden anwesend w ar. Er rief ihn auf der Stelle in sein Büro und erklärte ihm: „Du musst wissen, dass Gott für jedes Geschöpf hienieden eine bestimmte Rolle vorgesehen hat. So bekam zum Beispiel ich den Auftrag, den Rabbi zu spielen und die Torah zu studieren und zu lehren. Außerdem kommen die mittellosen Menschen zu mir, damit ich ihnen das Geld austeile, das mir anonyme Spender für sie anvertrauen.

Was dich betrifft, so hat dir Gott die Verantwortung zugeteilt, der höchste Mann des Dorfes zu sein. Deine Rolle besteht darin, an den Vorabenden aller Feste daheimzubleiben, damit die Armen zu dir kommen können und du ihnen helfen kannst. Jetzt bist du aber hier und hast folglich deinen Posten im Stich gelassen. In einem solchen Fall könnte Gott zur Auffassung kommen, du nehmest deine Verantwortung nicht richtig wahr und es könne besser sein, wenn er jemand anderem deinen Reichtum anvertraue.

Geh also auf der Stelle heim und nimm die Bitten der Bedürftigen entgegen!"

✡

Ausspruch des Aaron von Karlin: „Man kann mir alles nehmen, nur nicht Gott in meinem Inneren."

✡

Ausspruch des Jecheskel von Schinowa: „Damit man im Reichtum sterben kann, muss man sehr großes Mitleid mit den Menschen haben, die in Armut leben."

✡

Ausspruch des Naftali von Ropschitz: „Wenn sich die Reichen ihres Reichtums nicht schämen, warum sollten sich dann die Armen ihrer Armut schämen?"

✡

Ausspruch des Yossef Izel: „Wer sich aufmerksam die Welt Gottes ansieht, kann nicht passenderweise den Satz aussprechen: ‚Das gehört mir.'"

Lüge und Wahrheit

Weil der Patriarch Jakob den Segen seines Vaters Isaak nur auf dem Weg erreichen konnte, dass er Listen und Lügen und Untreue anwandte, wurde es der römischen Macht, die als spirituelle Erbin Esaus gilt, vom Himmel gestattet, Israel zu unterwerfen, den Tempel von Jerusalem zu zerstören und die Hebräer des Heiligen Landes ins Exil zu vertreiben.

In dieser Deutung steckt nach dem Philosophen Jeschajahu Leibowitz eine allgemein gültige Wahrheit: Sie besagt, dass jedes Mal, wenn man sich gegen das Recht eines Menschen vergeht, und sei er ein schlechter oder verkehrter Mensch, dieses Unrecht letztlich auf einen selbst zurückfällt.

✡

Die Bibel sagt: „Von lügnerischer Rede sollst du dich entfernen“ (Ex 23,7), und das deshalb, so Mendel von Kossow, „weil sich auf der ganzen Welt kein einziger Mensch findet, der ganz bei der Wahrheit ist. Genau genommen gibt es in der Welt nur zwei Sorten von Menschen: solche, die nahe an der Lüge sind, und solche, die versuchen, sich von ihr zu entfernen.“

✡

Rabbi Shimon Bar Yohai, ein Meister aus dem 2. Jahrhundert, erzählte:

„Eines Tages fragte man die Schlange, warum gleich der ganze Körper unheilbar zum Sterben verurteilt sei, wenn sie ihr Gift in einen winzigen seiner Teile spritze. Die Schlange gab zur Antwort: ‚Ausgerechnet mir stellt ihr diese Frage! Stellt sie doch dem Verleumder, der seine Lügen in Rom verspritzt und damit in Syrien tötet oder umgekehrt!'"

✡

Hafez Haim war zeit seines Lebens ganz versessen darauf, die Leute davon abzuhalten, Verleumdungen auszusprechen. So kam ihm eines Tages die Idee, man müsse in allen Synagogen verkünden lassen, das Weitersagen von Gerüchten sei eine genauso schwere Sünde wie das Essen von Schweinefleisch. „Tun Sie das nicht", sagte ihm lächelnd sein Kollege Haim Ozer. „Grundsätzlich haben Sie damit Recht, darauf hinzuweisen, wie schwerwiegend das Verleumden ist. Aber ich fürchte, die Leute werden eher anfangen, das Essen von Schweinefleisch für genauso harmlos zu halten wie das Verleumden, als dass sie das Verleumden für so schlimm halten würden wie das Essen von Schweinefleisch."

✡

Ausspruch des Elchonon Wasserman: „Die härteste Lüge ist die, welche aus einer Wahrheit stammt."

✡

Levi Jizchak von Berditschew war an einem der Fasttage zum Gedächtnis der Zerstörung des Tempels auf dem Heimweg, nachdem er in der Synagoge die Klagetexte gelesen hatte. Unterwegs traf er ein Mitglied seiner Gemeinde, das gerade etwas aß.

„Ich nehme an, du weißt gar nicht, dass heute *Tischa be-Aw* ist?"

„Natürlich weiß ich das!", entgegnete der Mann und aß weiter.

„Dann weißt du vermutlich nicht, dass unsere Meister für diesen Tag ein öffentliches Fasten angeordnet haben?"

„Doch, seit meiner Kindheit weiß ich, dass dieses Fasten eingerichtet wurde, um damit der zweimaligen Zerstörung des Tempels von Jerusalem zu gedenken!"

„Daraus schließe ich, dass deine Gesundheit derart schwach ist, dass dir die Ärzte das Fasten verboten haben."

„O Rabbi, ich wünsche Ihnen für das ganze kommende Jahr, dass Sie so gesund bleiben, wie ich bin. Es könnte mir in Wirklichkeit kaum besser gehen."

Zu Hause angekommen, fing der Rabbi von Berditschew zu beten an und sprach gen Himmel: „Meister der Welt, ich staune, was für eine große Liebe zur Wahrheit die Menschen deines Volkes haben! Dieser Mann gibt lieber ganz offen zu, dass er eine schwere Sünde begeht, als dass er sich auch nur die geringste Lüge erlaubt!"

✡

Abraham Jehoschua Heschel von Apt befand sich in der Synagoge und sah, wie der Synagogendiener ein Kind vor die Tür setzte, das neben seinem Vater gesessen und zu weinen angefangen hatte.

„Warum tun Sie das?", frage er ihn.

„Weil das Geschrei dieses Kindes die Anwesenden davon abhält, beim Gottesdienst richtig dabei zu sein."

„Ich glaube im Gegenteil, dass die Schreie dieses Kindes die einzige ganz echte und aufrichtige Stimme in diesem ganzen Gottesdienst sind."

✡

Hafez Haim schlief eines schönen Nachmittags friedlich neben seiner Gemahlin, als beide von einem Geräusch aufgeschreckt wurden: Ein Einbrecher war ins Haus eingedrungen. Er hatte schon länger herumgesucht und einen der Frau des Rabbis gehörigen Ring gefunden. Den hatte er sich an den Finger gesteckt und floh nun schleunigst aus dem Haus. Der Rabbi rannte ihm nach. Wenig später kam er wieder zurück.

Seine Frau fragte ihn: „Hast du ihm meinen Ring wieder abgenommen?"

„Nicht deshalb bin ich ihm nachgerannt. Ich wollte dem Dieb sagen, dass der Ring sehr teuer war. Er solle sich nicht übers Ohr hauen lassen, wenn er ihn weiterverkaufe."

✡

„Ihr sollt nicht lügen und einander nicht betrügen" (Lev 19,11). Die Weisen von Kozk fügten zu diesem Thema hinzu: „Man soll nicht nur den andern gegenüber nicht lügen, sondern auch nicht sich selbst belügen."

✡

Ausspruch des Eisik Harif: „Die Wahrheit hat die Angewohnheit, sich nackt darzubieten – ohne die geringste Kleidung! Und die Menschen sind so verschämt und verdruckst, dass sie nur zögernd hinschauen wollen."

Frieden und Zorn

Zur Formulierung in Dtn 21,10 „Wenn du in den Kampf gegen deine Feinde ausziehst …" stellte Rabbi Jizchak Jaakow Wachtvogel die Frage: „Ist das ‚gegen deine Feinde' nicht zu viel gesagt? Zieht man denn auch gegen seine Freunde in den Krieg?" Und er setzte hinzu: „Das, worum es in diesem Vers geht, ist, dass man, bevor man gegen jemanden in den Krieg zieht, wirklich klarstellen soll, ob er einem noch ein Feind ist, oder ob man nicht heute einen Krieg fortsetzt, der gestern zu Ende war; und ob dieser Krieg wirklich notwendig ist oder im Grunde lediglich eine Versuchung darstellt."

✡

Als Gott vorhatte, den Menschen zu erschaffen, trat die Wahrheit vor seinen himmlischen Thron, um sich dagegen auszusprechen: „Erschaffe ihn nicht, er ist voller Lüge!" Auch der Friede trat vor und sprach: „Wozu willst du den Menschen erschaffen, er ist voller Streit!" Und seit damals arbeiten die Lüge und der Streit eng zusammen: Wo das eine ist, da ist das andere nicht weit.

✡

In seiner berühmten Prophetie über das Ende der Zeit spricht Jesaja von dem Tag, an dem „der Wolf beim Lamm wohnt, der Panther beim Böcklein liegt“ (11,6).

„Aber“, so fragte ein Rabbi, „haben diese nicht bereits unter dem Dach der Arche Noachs beieinander gelegen?“ Und er fand die Antwort: „Was Jesaja in Wahrheit herbeiwünscht, ist der Tag, an dem diese Tiere im Geist des Friedens, der Freundschaft und der gegenseitigen Hilfe beieinander liegen. In der Arche Noachs war es die Angst, von den Wassern der Sintflut verschlungen zu werden, was sie daran hinderte, sich nicht gegenseitig aufzufressen.“

✡

Ausspruch des Mendel von Kozk: „Wenn ein Mensch dahin kommt, in seinem eigenen Inneren Frieden zu machen, dann wird er fähig, ihn auch bei den anderen zu schaffen.“

✡

Ausspruch des Pinchas von Koriz: „Jahrelang habe ich den Zorn bekämpft. Ich habe ihn schließlich besiegt und mir in die Tasche gesteckt. Bei Bedarf kann ich ihn herausholen. Aber ich habe auf ihn einen derartigen Zorn, dass ich mich seiner noch nie bedient habe.“

✡

„Meine Rede soll fallen wie der Tau“, sagt die Bibel (Dtn 32,2). Das deshalb, weil im Unterschied zum Regen, der oft zu Katastrophen führt, der Tau bei allen beliebt ist. Er erfreut alle.

Aus diesem Vers lernen die Weisen Israels, dass man sich bei öffentlichen Ansprachen um eine behutsame, zärtliche Sprache bemühen muss. Denn eine heftige, aufdringliche Rede schadet immer wieder ihrem eigenen Anliegen.

✡

„Du sollst dich nicht rächen und nichts nachtragen" (Lev 19,18). Welcher Unterschied besteht zwischen diesen beiden Haltungen?

Raschi erklärte ihn so: „Seht, so sieht die Rache aus. Da sagt einer zum andern: ‚Leih mir deine Sichel!' Der erwidert ihm: ‚Nein.' Am nächsten Tag bittet ihn der andere: ‚Leih mir deine Axt.' Er entgegnet ihm: ‚Ich leihe sie dir nicht, denn du hast mir auch nicht deine Sichel geliehen.'

Und worin besteht das Nachtragen? Da sagt der eine zum andern: ‚Leih mir deine Axt.' Der erwidert ihm: ‚Nein.' Am nächster Tag sagt dieser zum ihm: ‚Leih mir deine Sichel.' Darauf erwidert der Erstere: ‚Da hast du sie. Ich bin nicht wie du, der du mir nicht deine Axt hast leihen wollen!'"

✡

Man fragte den großen Meister der chassidischen Bewegung Mosche von Kobryn:

„Warum nehmen Sie es hin, dass man Sie derart heftig kritisiert? Warum geben Sie es Ihren Lästerern nicht zurück?"

„Wenn man in der kommenden Welt zu mir sagen wird: ‚Warum hast du dich nicht wie ein Gesetzeslehrer verhalten, der auf die Interessen der Torah bedacht ist?', so werde ich zur Antwort geben: ‚Das habe ich bewusst deshalb getan, weil ich mich nicht als Gesetzeslehrer betrachte.'

Wenn ich dagegen meinen Lästerern die Stirn bieten würde und man mich in der kommenden Welt fragen würde: ‚Warum warst du darauf aus, dich zu rächen und Groll zu hegen? Doch zweifellos, weil du dich für einen Gesetzeslehrer hieltest?', dann könnte ich darauf nichts erwidern.

Ich verhalte mich also auf diese Weise, weil ich mir diese Demütigung in der kommenden Welt ersparen will."

✡

Ausspruch des Nachman von Braslaw: „Das Feuer? Das fängt mit einem Funken an und endet mit einem Brand. Genauso ist es mit der Zwietracht. Sie fängt damit an, dass man betrübt wird. Man bedenke, wozu sie schließlich führt ..."

✡

Es steht geschrieben: „Der Herr hatte Salomo die Weisheit verliehen, wie er es ihm versprochen hatte. Hiram und Salomo lebten in Frieden und sie schlossen einen Bund miteinander" (1 Kön 5,12). Dieser Vers bedeutet, dass die wahre Weisheit darin besteht, den Frieden zu wahren, und nicht Streitigkeiten, Konflikte und Kriege zu schüren.

✡

Ausspruch des Baruch von Medsibosch: „Die Menschen sind merkwürdig: Sie passen genau auf, dass sie keine Ameise verschlucken, sind aber stets bereit, einander gegenseitig aufzufressen."

✡

Ausspruch des Mendel von Kozk: „Um Sodom zu retten, brauchte man wenigstens zehn Menschen. Aber um die ganze Welt zu vernichten, genügt ein einziger Idiot."

✡

Ausspruch des Mendel von Kozk: „Warum wählte Gott den Regenbogen zum Zeichen des Bundes zwischen sich und Noach aus und zur Besiegelung des Versprechens, dass nie wieder ‚alles Fleisch im Wasser der Flut umkommen' solle (Gen 9,12)? Weil der Regenbogen aus Feuer und Wasser besteht und beides in ihm friedlich zusammenwohnt. Er ist der Beweis dafür, dass der Friede auf der Welt möglich ist."

✡

Ausspruch des Nachman von Braslaw: „Der Friede besteht darin, zwei widersprüchliche Dinge miteinander zu versöhnen."

✡

Es steht geschrieben, dass beim Tod des Mose die Hebräer weinten, aber beim Tod des Aaron heißt es, dass er „vom ganzen Haus Israel" beweint worden sei. Das kommt daher, dass Mose die Richterfunktionen ausübte und natürlicherweise von etlichen geliebt wurde, von anderen aber nicht. Vor allen anderen Überlegungen ließ er die Gerechtigkeit gelten. Er war der Ansicht, jeder Schuldige müsse streng bestraft werden.

Aaron dagegen liebte vor allem anderen den Frieden. Wenn er erfuhr, dass sich zwei Menschen gestritten hätten, ging er zum einen von ihnen und sagte ihm, dass sein Gegner ihm gegenüber deshalb sein Bedauern geäußert habe. Genauso machte er es dann mit dem zweiten Menschen. Er hatte nichts anderes im Sinn, als zwischen einem Menschen und seinem Nächsten Frieden zu stiften.

✡

Um den Frieden zu wahren, darf man es sich erlauben, die Wahrheit ein bisschen anders darzustellen. Der Beweis dafür ist, dass Gott das selbst getan hat, als er zu Abraham sagte, Sara habe bei der Nachricht, sie werde einen Sohn bekommen, ausgerufen: „Mir ist also noch Glück vorgesehen, obwohl ich schon alt bin!"

In Wirklichkeit hatte sie nämlich gesagt: „... obwohl mein Mann schon ein Greis ist."

✡

Ausspruch des Rabbi von Lublin: „Lieber ein falscher Friede als ein echter Streit."

✡

Ausspruch des Menachem Ussitschkin: „Der Prophet Sacharja sagt: ‚Liebt die Wahrheit und den Frieden' (8,19). Die Wahrheit wird vor dem Frieden genannt. Ein Leben in Wahrheit ohne Frieden ist bitter. Ein Leben in Frieden ohne Wahrheit ist tot."

Macht und Gerechtigkeit

„Gerechtigkeit, Gerechtigkeit – ihr sollst du nachjagen" (Dtn 16,20). Natürlich geht es in diesem Bibelvers um die Pflicht der dem Gesetz hingegebenen Menschen, gerechte Urteile zu fällen.

Die Meister der jüdischen Tradition weisen indes darauf hin, dass in der Wiederholung des Wortes „Gerechtigkeit" eine zusätzliche Lehre stecke: Die Gerechtigkeit, um die es hier gehe, sei die Gerechtigkeit, die die Richter als solche richte. Auf diese Gerechtigkeit müsse die Gesellschaft als Ganze bedacht sein, und vor allem müssten die Kommissionen, die die Richter ernennen, auf sie achten. Die Menschen, die der Gerechtigkeit zu ihrem Recht verhelfen sollten, müsse man ihrerseits mit großer Gerechtigkeit auswählen.

✡

Rabbi Hanoch Alexander sagte: „Das Leben hat mich gelehrt, dass man alle seine Tage vor Gräbern verbringen und trotzdem vergessen kann, dass man eines Tages sterben wird. Genauso kann man die ganze Zeit im Haus eines Richters wohnen und trotzdem nicht die geringste Ahnung davon haben, was Gerechtigkeit ist."

✡

Der erste Vers auf der Bibel-Schriftrolle des Buches Rut wird im Allgemeinen so übersetzt: „Zur Zeit, als die Richter richteten, gab es eine Hungersnot im Land."

Der Rabbi Samuel von Oseda war jedoch der Ansicht, zwischen den beiden Teilen dieses Verses herrsche ein Verhältnis von Ursache und Wirkung. Daher übersetzte er ihn so: „Zur Zeit, als man die Richter richtete, gab es eine Hungersnot im Land."

✡

Alle glauben, es liege in der Natur der Macht, dass sie den Menschen verderbe. In Wirklichkeit ist es der Mensch, der die Macht verdirbt.

✡

In einem Kommentar über die Offenbarung Gottes sagte Isaak Abravanel: „Gott wollte sich Mose weder im Palast des Pharao offenbaren noch im Haus des Jitro, des Hohen Priesters von Midian. Denn die göttliche Gegenwart hält sich von den Stätten der Macht fern."

✡

Ausspruch des Mordekai Yossef Leiner: „Recht wenige derer, die andere regieren, schaffen es, sich selbst zu regieren."

✡

„Der Neid, die Wollust und die Ehren töten uns", heißt es im Traktat der Väter (4,28). „Das sind", erläuterte der chassidische Meister Mendel von Kozk, „die drei Etappen, die der Mensch gewöhnlich in seinem Leben durchläuft. Ich persönlich habe die ersten beiden geschafft. Was die dritte angeht – die Ehren zu fliehen –, so habe ich das erst nach tausend Anläufen geschafft. Als ich nämlich jung war, bat mich der Rabbi von Lublin eines Tages, in seiner Synagoge einen Gottesdienst zu leiten, an dem nur seine besten Schüler teilnahmen. Noch viele Jahre danach tat ich mich sehr schwer, die Ehre zu vergessen, die mir an diesem Tag zuteil geworden war."

✡

Bezüglich der Konflikte, zu denen es laut der Bibel zwischen Kain und Abel, Isaak und Ismael, Jakob und Esau, Josef und seinen Brüdern kam, schrieb Shalom Rosenberg, diese Erzählungen wollten uns lehren, dass der Konflikt zwischen Brüdern im Kern unserer Existenz stecke. Von da her komme es, dass die Französische Revolution die Ideale der Freiheit, Gleichheit und Brüderlichkeit als die Wurzeln der modernen Demokratie angesehen habe.

„Aber zwei Jahrhunderte der Geschichte haben uns auch gelehrt, dass die Freiheit relativ und die totale Gleichheit nur Illusion ist. Was die Brüderlichkeit angeht, so sieht das Buch Genesis darin ein wesentliches Ideal. Jeder Konflikt ist nämlich im Grunde genommen ein Bruderkrieg. Daher muss man sich immer das allgemein gültige Wort des Propheten Maleachi vor Augen halten: ‚Haben wir nicht alle denselben Vater? Hat nicht der eine Gott uns alle erschaffen?'" (2,10).

✡

Warum verlangt Gott von den Gerechten besonders viel? Weil ein gewöhnlicher Mensch, der einen falschen Weg einschlägt, nur sich selbst schadet. Beim Gerechten ist es anders: Er zieht andere Menschen hinter sich her, die ihn bewundern und ihm ihr Vertrauen schenken.

Daher sagten die Weisen: „Wer hat die Generation auf den Weg der Sünde gezogen? Der Anführer, der als Erster gesündigt hat."

✡

Am Tag nach dem Scheitern des polnischen Aufstands von 1863 ließ der russische Gouverneur den Rabbi Dov Berisch Meisels von Warschau zu sich kommen und hielt ihm eine Standpredigt, weil er die Aufständischen unterstützt hatte:

„Weißt du nicht, dass der Zar der Vater dieses Volkes ist und dass du mit deinem Verhalten gegen die rechtmäßige Gewalt aufbegehrt hast?"

„Ich anerkenne, dass der Zar der Vater dieses Volkes ist", entgegnete der Rabbi, „aber das Land, auf dem wir leben, ist unsere Mutter, und jeder weiß: Wenn es zum Streit zwischen Vater und Mutter kommt, halten die Kinder immer zur Mutter."

✡

Ein Mann sagte zum großen chassidischen Meister Bunam von Pzysha:

„Ganz anders als es im Traktat der Väter heißt, dass ‚die Ehren dem nachlaufen, der sie flieht', bin ich ihnen mein Leben lang davongelaufen, und ich muss sagen, dass sie sich nie die geringste Mühe gemacht haben, mir nachzulaufen."

„Sie haben zweifellos gemerkt, dass du beim Laufen immer wieder zurückgeschaut hast, ob sie dir folgen!"

✡

Ausspruch des Israel Meir: „Wenn man eine Ehre, die einem anderen zusteht, auf sich selbst ablenkt, so ist das Diebstahl."

✡

Im 6. Kapitel des Exodus wird berichtet, der Ewige habe Mose und Aaron „Weisungen für die Kinder Israels" gegeben, aber nirgendwo wird genauer gesagt, um welche Weisungen es sich dabei handelte.

Nach einem Kommentator warnte Gott Mose und Aaron vor dem Charakter der Hebräer: „Sie sind widerspenstig und störrisch. Ihr müsst damit rechnen, dass sie euch beleidigen und womöglich sogar steinigen."

Es hätte sich dabei also um einen Rat für alle gehandelt, die über das Volk Israel Vollmacht ausüben und es leiten wollten: Sie sollten sich innerlich auf die Leiden einstellen, die das mit sich bringen könne.

✡

Ausspruch des Mendel von Kozk: „Niemand ist von den anderen mehr abhängig als der, welcher auf Ehren aus ist."

✡

Rav Papa, einer der letzten Weisen des Talmud, erklärte den Rat, den Mose dem Volk gab: „Richtet gerecht, sei es im Streit eines Mannes mit seinem Bruder oder mit einem Fremden" (Dtn 1,16), folgendermaßen: „Das soll in Wirklichkeit heißen, dass man sich weder auf das Richten über einen Freund noch über einen Feind einlassen soll. Denn für die Schuld eines Freundes hat man genauso wenig den Blick, wie man für die guten Argumente eines Feindes aufgeschlossen ist."

✡

Bunam von Pzysha hatte die Gewohnheit, den Bibelvers „Gerechtigkeit, Gerechtigkeit – ihr sollst du nachjagen“ (Dtn 16,20) so auszulegen: „Man muss der Gerechtigkeit mit gerechten, legalen und richtigen Mitteln nachjagen. Das heißt, dass das Ziel nicht die Mittel rechtfertigt.“

✡

Der Text von Exodus 17,16 verlangt von uns im Namen Gottes „Krieg mit Amalek von Generation zu Generation“. „Dieses Amalek“, sagte Jeschajahu Leibowitz, „steckt in jedem von uns. Und dieser Krieg kommt nie an ein Ende. Er fängt von Generation zu Generation neu an.“

✡

Der chassidische Rabbi Schmelke von Nikolsburg lebte im 18. Jahrhundert. Er hatte an den Wänden seines Amtszimmers ganz augenfällig einen Wanderstab und einen Sack befestigt. Denjenigen, die ihn fragten, was das bedeute, erklärte er: „Ich möchte deutlich darauf hinweisen, dass die Reichen und Mächtigen mich auf keine Weise dazu bringen können, das Recht zu beugen. In diesem Amtszimmer werden ausnahmslos alle gerecht und gleich gerichtet. Und wenn Leute, die über eine gewisse Macht verfügen, meinen sollten, sie könnten mich mit Drohungen zum Nachgeben zwingen, lasse ich sie von vornherein wissen: Sogar wenn ich deswegen zum Bettler und Obdachlosen würde, wäre ich jederzeit bereit, meinen Stab und meinen Sack zu nehmen und zu gehen. Das möge überall bekannt werden!“

✡

Es steht in Exodus 2,23 geschrieben, als der König von Ägypten gestorben sei, hätten „die Kinder Israels unter ihrem Sklavendasein gestöhnt und geklagt".

Rabbenu Bahie erläuterte dazu: „Das Gegenteil hätte eintreten müssen. Warum also stöhnten sie, wo doch der König, der sie gequält hatte, gerade gestorben war? In Wahrheit hatten sie Angst davor, der Nachfolger des Pharao könne noch schlimmer sein … Tatsächlich kommt es immer wieder vor, dass die Freude darüber, eine schlimme Herrschaft stürzen zu sehen, sich recht schnell in Traurigkeit und Bedauern umkehrt."

✡

Wenn Mose doch das volle Vertrauen Gottes hatte, warum musste er dann dem Volk Israel ganz genau vorrechnen, wie viel Gold und Silber er für die geziemende Einrichtung des Heiligtums verwendet hatte (Ex 38,24–29)?

Ein Kommentator gab darauf die Antwort: „Es genügt nicht, dass ein Mensch mit dem Himmel im Reinen ist. Er muss seine Zuverlässigkeit auch vor allen seinen Mitmenschen unter Beweis stellen." Der Philosoph Jeschajahu Leibowitz führte dazu noch ein Zitat an, das von einem bekannten englischen Juristen stammt: „Es genügt nicht, dass Recht geschieht. Das Recht muss zudem noch transparent sein."

✡

Michal von Zlotkow, einer der Schüler des großen Predigers von Mesritsch, lebte sein ganzes Leben lang in Armut. Da seine Familie immer größer wurde, nahm er eine junge Waise in Dienst, die seiner Frau bei den Hausarbeiten half.

Eines Tages behauptete die Frau des Rabbi, die junge Magd habe sich bei der Arbeit ungeschickt verhalten und ihr materiellen Schaden zugefügt. Daher wollte sie sie vor dem rabbinischen Gericht anklagen, um ihren Verlust zurückbezahlt zu bekommen.

Als der Rabbi das erfuhr, griff er auf der Stelle nach seinem Mantel, um persönlich mit zum Gericht zu gehen.

„Es ist unnötig, dass du mich begleitest", sagte seine Frau zu ihm. „Ich kann mich selbst behaupten. Ich weiß schon, was ich sagen muss, um die Richter zu überzeugen!"

„Ich gehe bestimmt nicht mit zum Gericht, um dir zu helfen. Ich möchte in Wirklichkeit dieser Waise in ihrem Prozess beistehen. Zudem sollst du wissen, dass ich persönlich in diesem Prozess, den du anstrebst, öffentlich ihre Verteidigung gegen dich betreiben werde!"

✡

Warum hat man gesagt, Mose sei im Palast des Pharao groß geworden? „Wenn er unter seinen Brüdern groß geworden wäre", erwiderte Abraham Ibn Esra, „so hätten ihn diese für einen der Ihren gehalten und ihn ganz bestimmt nicht respektiert oder gefürchtet."

✡

Rabbi Menachem Mailya betrat das Büro eines rabbinischen Richters genau in dem Moment, als dieser über eine Frage entschied, die gewöhnlich die Anwesenheit von drei religiösen Richtern erfordert.

„Hast du etwa vergessen, dass es im Traktat der Väter (4,10) heißt, man dürfe nie allein richten, und dass ‚einzig Gott das allein tun kann'?"

„Warum sollte ich das vergessen haben? In Wirklichkeit sind wir doch zu dritt in diesem Raum: ich, der Talmud und das Gesetzbuch *Choschen Mischpat*."

„Vergisst du in diesem Fall nicht, was unsere Weisen ferner sagen: ‚Die Gerechten von Jerusalem saßen nur dann zu Gericht, wenn sie die, mit denen zusammen sie Recht sprechen sollten, genau kannten'? Du aber kennst doch offensichtlich weder den Talmud noch den *Choschen Mischpat*."

✡

Ausspruch des Rabbi Schimon Ben Gamaliel (des spirituellen Anführers des Judentums zu Beginn des 2. Jahrhunderts): „Spielt nicht mit der Gerechtigkeit: Sie ist einer der drei Füße, auf denen die Welt steht. Unsere Weisen sagten: ‚Die Welt besteht dank der Gerechtigkeit, der Wahrheit und des Friedens.' Wenn ihr die Gerechtigkeit verdreht, erschüttert ihr die Grundsäulen der Erde."

✡

Nach einem Maimonides zugeschriebenen Kommentar kommt ein Mensch nur dann zu großer Macht, wenn er ein genügend verkehrter Mensch ist. Es sei nicht so, dass die Macht einen verderbe, sondern man sei verderbt, wenn man an die Macht wolle. „Die Weisen Israels", schrieb Jeschajahu Leibowitz, „reagieren auf jegliche Art von Gewalt, die ein Menschenwesen ausübt, mit Misstrauen und Verdacht: Denn was anderes kann den Kopf eines Menschen derart verdrehen und vom Glauben abwenden wie die Ehren und das Gefühl der eigenen Größe?"

✡

Die Ursprünge der Familie des Königs David sind bekannt: Im Kapitel 38 der Genesis wird vom Beischlaf Judas mit seiner Schwiegertochter Tamar berichtet. Aber warum, so fragt ein heutiger Kommentator, ist die Stammlinie des Königs David, des Messias Israels, derart belastet?

In seinem Buch „Sieben Jahre biblischer Kommentare“ schrieb Jeschajahu Leibowitz: „Die Weisen Israels nehmen große Rücksicht auf die Propheten oder die Gerechten, deren Herkunft nicht klar ist: auf die Söhne der großen Verkehrten oder auch auf die Enkel des bösen Haman oder des Generals Sisera. Damit soll gesagt werden, dass nichts, absolut nichts einen Menschen hindern kann, bis auf die Höhe der Wissenschaft und der Erkenntnis Gottes zu gelangen.“

Verantwortung

Elimelech von Lisensk sagte zu seinem Sohn: „Weißt du, warum die Leute mich bitten, für sie zu beten, damit sie ihr Auskommen haben und gesund werden? Zweifellos deshalb, weil sie wissen, dass ich für ihr Unglück verantwortlich bin und mit meinen Sünden gewaltig zum schlechten Zustand der Welt beigetragen habe."

✡

Jonathan Eibschitz vertrat, man könne anderen nur dann moralische Vorhaltungen machen, wenn man den Tadel oder die Vorhaltungen gleichzeitig auch an die eigene Adresse richte. Daher sei das „Prüfen wir unsere Taten!" in der Mehrzahl geschrieben.

✡

„Im Anfang schuf Gott …" (Gen 1,1) – das will sagen, dass Gott den Anfang geschaffen habe. Für alles Übrige habe er die Verantwortung dem Menschen überlassen.

✡

Warum sind die Zehn Gebote in der Einzahl formuliert und nicht in der Mehrzahl? Deshalb, so sagte der Rabbi David Deutsch, damit sich niemand sagen könne: „Es gibt auf der Welt genügend Menschen, die diese Gebote einhalten und Gott treu dienen. Ob ich mich an sie halte oder nicht, macht insgesamt nicht viel aus!"

Daher wird zu jedem Einzelnen gesagt: „Ich bin der Ewige, *dein* Gott!"

✡

Über den Aussätzigen steht geschrieben: „Er soll sich waschen und ist dann rein" (Lev 14,8). Aus diesem Vers leiten die Juden für sich die Pflicht ab, sich vor bestimmten Verrichtungen die Hände zu waschen.

In seinem Kommentar zu diesem Bibelabschnitt zitiert Shalom Rosenberg dazu eine Erklärung von Emmanuel Levinas: „Da er sich sehr für die Entwicklung des modernen Hebräisch interessierte, kam er eines Tages auf die so genannte ‚Reinheit der Waffen' zu sprechen, von der man in Israel oft redet. Bei der Armee, so erzählte Levinas, brachte man uns bei, wie man eine Waffe ‚reinigt', aber genau genommen ist das nicht der zutreffende Begriff. Man müsste hier von ‚Sauberkeit' statt von ‚Reinheit' sprechen. ‚Sauber machen' lassen sich auch unreine Gegenstände. Aber das ist etwas anderes als ‚Reinheit'."

✡

„O Gott, erschaffe mir ein reines Herz!", betet der Psalmist (Ps 51,12). „Was aber ist ein unreines Herz?", fragte sich Mendel von Kozk. „Unrein ist das Herz eines Menschen dann, wenn es zu suchen aufhört."

✡

Ausspruch des Naftali von Ropschitz: „Der Prophet sieht die Zukunft, der Rabbi dagegen deutet die Gegenwart. Zuweilen ist es schwieriger, die Gegenwart zu deuten, als vorauszusehen, was kommen wird."

✡

Als auf Anstiften Korachs hin ein Teil des Volkes gegen Mose aufbegehrte, erklärte dieser zu seiner Verteidigung, er habe von ihnen nicht einmal einen Esel haben wollen (Num 16,15).

„Heute", so bemerkte Jeschajahu Leibowitz, „verlangen die vom Volk Gewählten nicht nur einen Esel zu ihrer freien Verfügung, sondern einen aus dem öffentlichen Haushalt bezahlten Wagen und dazu noch einen Chauffeur."

✡

Warum musste Mose, ein derartiger Prophet, dem Volk genau Rechenschaft über „die Finanzen der Bundeszeltes" ablegen (Ex 38,21)? Genügte diesem sein hohes Ansehen denn nicht, um von seiner Ehrlichkeit überzeugt zu sein?

In einem Kommentar wird erzählt: Jedes Mal, wenn sich Mose in sein Zelt zurückgezogen habe, hätte sich jeder am Eingang seines Zeltes aufgehalten und Mose mit Blicken verfolgt. Alle hätten hinter seinem Rücken getuschelt.

„Er isst unser Brot", habe der eine gesagt.

„Er trinkt, und wir müssen das bezahlen", ein anderer.

„Ja was glaubt ihr denn?", habe ein Dritter hinzugefügt. „Er kümmert sich darum, für das Bundeszelt ungezählt und ungewogen Gold und Silber einzusammeln, und da meint ihr, er sei nicht reich und könne das selber bezahlen?"

Da Mose aber von diesem Gerede erfahren habe, habe er zum Volk gesagt: „Hier habt ihr genau die Finanzen des Bundeszeltes."

✡

Ein Schüler stellte seinem Meister die folgende Frage:

„Gott hatte Noach angewiesen, von jeder Art von Lebewesen zwei in die Arche zu holen, ein männliches und ein weibliches. Raschi erklärt, Noach habe zudem die Anweisung erhalten, in die Arche Dämonen aufzunehmen. Aber wie passt das damit zusammen, dass Maimonides schlicht und einfach behauptet, Dämonen gebe es gar nicht?"

Der Rabbi gab zur Antwort: „In Wirklichkeit war es so, dass es Dämonen gab. Aber sie verschwanden am selben Tag, an dem Maimonides den Himmel davon überzeugte, dass es sie nicht gebe."

✡

Maimonides war Arzt des Sultans Saladin, der nie krank war. Eines Tages sagte der Sultan zu ihm: „Da ich mich immer bester Gesundheit erfreue, hatte ich bislang noch nicht die Gelegenheit, mich davon zu überzeugen, dass du – wie es heißt – ein guter Arzt bist und kein schlechter."

Maimonides erwiderte hierauf: „Die Bibel (Ex 15,26) zeigt uns, dass ein guter Arzt nicht derjenige ist, der dem Menschen Heilung bringt – wie ihr zu denken scheint –, sondern im Gegenteil dafür sorgt, dass er sich keine Krankheiten zuzieht."

✡

„Die Berufung des Rabbi besteht darin", sagte Chaim von Brisk, „den Unterdrückten vor seinem Unterdrücker zu schützen."

✡

Ausspruch des Rabbi Leib: „Wenn der Mensch stolpert, sucht er die Schuld dafür immer entweder bei den Steinen auf dem Weg oder beim Weg als solchem oder auch bei den Schuhen, die er trägt. Auf den Gedanken, dass er selbst daran schuld sein könnte, kommt er nicht."

✡

Levi Jizchak von Berditschew ergriff am Kippurtag in der Synagoge das Wort und sprach: „Meister der Welt, falls du vorhast, uns ein neues Jahr zu schenken, das mild und glücklich ist, dann beschließe das und unterzeichne deinen Beschluss unverzüglich. Wenn du aber im Gegenteil uns ein hartes, schwieriges und bitteres Jahr zu bereiten gedenkst, dann möchte ich dich daran erinnern, dass du genau wie wir nicht das Recht hast, dies am Kippurtag – an dem man nicht schreiben darf – schriftlich festzuhalten."

✡

Dow Ber von Mesritsch sagte: „Der Mensch muss sich beherrschen. Er muss den Stolz lernen, ohne sich stolz zu brüsten. Er muss die Wut lernen, ohne aus der Fassung zu geraten. Er muss das Reden lernen, ohne zu viel zu reden. Er muss das Schweigen lernen, ohne immer den Mund zu halten."

✡

Ausspruch des Mendel von Kozk: „Es ist möglich, dass ich Tote auferwecken könnte. Aber ich ziehe es vor, den Lebenden leben zu helfen."

✡

Am Anfang war König Salomo der Meister ganz Israels. Später herrschte er nur noch über Jerusalem. Am Ende seines Lebens herrschte er nur noch über seine Liegestatt, wie geschrieben steht: „Seht, die Liegestatt Salomos“ (Hld 3,7).

Zu diesem Vers sagte Haim von Ksans: „In meiner Jugend nahm ich mir vor, die ganze Welt zur Vernunft zu rufen und ihr zu helfen, sich auf ihren Schöpfer auszurichten. Ich merkte schließlich, dass ich damit keinen Erfolg hatte, und versuchte, wenigstens die Leute meines Dorfes so weit zu bringen. Später sagte ich mir: Sollte ich mich nicht lieber damit begnügen, meine Frau und meine Kinder so weit zu bringen? Schließlich musste ich feststellen, dass ich auch damit noch zu viel wollte. So kam es, dass ich am Ende versuchte, nur noch mich selbst so weit zu bringen. Aber auch das brachte ich nicht fertig: Ich war alt geworden.“

✡

Die Kommentatoren der Bibel beschäftigen sich mit der Frage, warum Mose sich in der zweiten Person Einzahl an Israel wende: „Siehe, ich lege dir heute den Fluch und den Segen vor“ (Dtn 11,26), wo die Anweisung doch dem ganzen Volk gelte.

Nach dem Gaon von Wilna „spricht Mose so, um jedem deutlich zu machen, dass er das Recht habe, sich seine ganz persönliche Meinung zu bilden. Niemand müsse sich blind der Menge anschließen. Mose spricht also zu jedem einzelnen Mitglied des hebräischen Volkes und will ihm damit sagen: Du bist für deine Entscheidung selbst verantwortlich, und du persönlich musst auch deren Folgen tragen! Zudem verfügst du dein ganzes Leben lang über diese Entscheidungsfreiheit.“

✡

Rabbi Hama stellte die Frage: „Was bedeutet der Vers ‚Du musst dem Ewigen, deinem Gott, folgen‘ (Dtn 11,5)? Ist es denn möglich, der Spur der göttlichen Gegenwart zu folgen? Steht nicht geschrieben, Gott sei ein ‚verzehrendes Feuer‘?“

„Das bedeutet in Wahrheit, dass man so handeln muss, wie Gott handelt: die Nackten bekleiden, die Kranken besuchen, die Trauernden trösten und so weiter.“

✡

In der Bibel steht: „Der Baum des Lebens war in der Mitte des Gartens gepflanzt ...“ (Gen 2,9). Gott hat diesen Baum des Lebens deshalb in die Mitte gepflanzt, um uns damit anzuzeigen, dass man sich immer von den Extremen fernhalten und den mittleren Weg wählen muss.

✡

Die Chassidim erzählen von Schneur Salman von Liadi, dass er in Folge einer hinterhältigen Anschuldigung ins Gefängnis geworfen wurde und ihn dort der Chef der Polizei besuchte. Dieser merkte schnell, dass er es mit einem außergewöhnlichen Menschen zu tun hatte. Er stellte ihm die Frage: „In der Bibel heißt es, Gott habe eines Tages dem Menschen die Frage gestellt: ‚Wo bist du?‘ (Gen 3,9). Gibt es also etwas, das Gott nicht weiß? Auf wen bezieht sich in Wirklichkeit diese Frage?“

Der Rabbi gab zur Antwort. „Diese Frage stellt Gott dem Menschen jeden Augenblick: Wo bist du mit deinem Leben? Wo bist du mit der Welt? Wo bist du mit den anderen? Bist du immer derart zerstreut? Ist es nicht an der Zeit für dich, Bilanz zu ziehen und damit anzufangen, etliches zu bereuen und dich wieder zu deinem Schöpfer hinzukehren?“

✡

Im Lauf eines Zionistenkongresses vor dem Zweiten Weltkrieg ergriff ein Delegierter das Wort und erklärte, im Prozess des Wiedererstehens des Staates Israel werde es für die Alten keinen Platz geben: „Es sind die Jungen, die diese Revolution durchführen müssen."

Rabbi Reiness, einer der Anführer der religiösen Zionistenbewegung, erhob Einspruch: „Bei der ersten Befreiung der Juden waren die Anführer Mose und Aaron. In der Bibel heißt es, zum Zeitpunkt, als sie vor den Pharao traten, seien Mose und Aaron achtzig bzw. dreiundachtzig Jahre alt gewesen. Diese Alten waren ganz bestimmt viel revolutionärer als viele der Jüngeren."

✡

Die wahre Reue des Menschen besteht darin, seine Fehler einzugestehen, ohne sie auf andere zu projizieren. So sagte der König David zum Propheten Natan: „Ich habe gesündigt." Darauf ließ ihn der Prophet wissen: „Du wirst nicht sterben."

Der König Saul gestand ebenfalls, gesündigt zu haben, aber er fügte unverzüglich hinzu: „Denn ich hatte Angst vor dem Volk."

Er hatte die Verantwortung dafür dem Volk zugeschoben, und deshalb wurde seine Reue nicht angenommen.

✡

Ausspruch des Mosche von Kabryn: „Es gibt Menschen, die meinen, es sei schwierig, zum Engel zu werden. In Wirklichkeit ist es schwierig, wirklich zum Menschen zu werden."

✡

Mendel von Kozk sagte: „Zwischen einem langsamen Menschen und einem faulen Menschen gibt es einen großen Unterschied. Der Langsame hat es nicht eilig. Er denkt zweimal nach, bevor er sich zum Handeln entscheidet. Der Faule entscheidet und handelt rasch, weil er zum Nachdenken zu faul ist."

✡

Einer der Schüler des Mendel von Kozk beklagte sich bei seinem Meister:

„Ich kann mir überhaupt nichts merken. Dabei möchte ich doch so vieles von dem, was ich lerne, behalten. Aber ich vergesse schnell wieder alles, was man mir beibringt."

„Wer hat gesagt, dass man ein großer Gelehrter werden muss?", erwiderte Mendel von Kozk. „Es genügt, wenn du ein einfacher Gläubiger bist und tust, was Gott von uns verlangt. Schau, hier habe ich ein Buch mit der Torah, und ich kann dir sagen, dass darin nirgends steht, man müsse ein gelehrter Mensch sein. Das Einzige, was man lernen müsse, sagt der Prophet Jesaja, sei, Gutes zu tun (1,17). So erklärt auch unser Meister Raschi diesen Vers."

✡

Genau wie Mose war auch Aaron dazu verurteilt, nicht das Heilige Land betreten zu dürfen. Die Weisen Israels wunderten sich darüber: Was hatte er denn getan? Es war Mose – nicht Aaron – gewesen, der an den Felsen geschlagen hatte, um daraus Wasser hervorkommen zu lassen, während Gott ihm nur den Auftrag gegeben hatte, dem Felsen mündlich zu befehlen, Wasser zu spenden. Aber welches Vergehen hatte Aaron begangen?

Sie schlagen die folgende Antwort vor: „Es ist kein Zufall, wenn die Bibel berichtet: ‚Mose schlug zweimal auf den Felsen.' Wenn man uns diese zunächst unbedeutend erscheinende Einzelheit mitteilt, dann, um auf die Mitverantwortung von Aaron bei diesem Vorfall hinzuweisen. Als Mose zum zweiten Mal die Hand erhob, hätte Aaron ihm sagen können, dass dies nicht das sei, was Gott ihm aufgetragen habe. Da er sich enthalten hat, Mose auch nur das Geringste zu sagen, wurde er als dessen Mitgenosse im Ungehorsam angesehen."

✡

„Die Arbeit ist groß", sagte Rabbi Schimon Ben Eleazar (ein Meister gegen Ende des 2. Jahrhunderts). „Schon Adam, der erste Mensch, durfte erst essen, nachdem er den Garten Eden bearbeitet und gepflegt hatte."

✡

Ausspruch des Aaron von Karlin: „Genau wie Gott Tag für Tag das Werk der Schöpfung erneuert, so müssen auch wir Tag für Tag etwas Neues erfinden."

✡

Meir von Apt war immer gegen Bunam von Pzysha und seine Methode der chassidischen Unterweisung gewesen. Eines Tages sagte er zu ihm: „Wie können Sie den Anspruch erheben, der Rabbi und spirituelle Leiter einer Gemeinde zu sein, wo Sie doch jahrelang in Berlin in einer Umgebung von Menschen gelebt haben, die verderbt und von jeder religiösen Tradition abgeschnitten waren?"

Bunam von Pzysha erwiderte: „Ein Mensch, der nicht selbst

die Sünden erlebt hat, die er bekämpfen möchte, und der nicht weiß, wie das Leben der Verkehrten vor sich geht, kann gewiss nicht die anderen aus dem Schlamm ziehen. Zudem hat jemand, der sich ganz und gar von den Eitelkeiten der Welt und ihren Schwächen fernhalten wollte, keinerlei Möglichkeit, sie zu reformieren."

✡

Ausspruch des Michal von Zlotkow: „Kein Gerechter gleicht dem anderen, denn sonst wäre einer der beiden zu viel."

✡

Der Gesetzeslehrer Ben Soma sagt im Traktat der Väter: „Man denkt, ein Weiser sei der, welcher viel weiß. Aber ein Weiser ist eher einer, der von jedem Menschen lernt. Man denkt, ein Held sei einer, der siegreich vom Schlachtfeld heimkommt. Aber in Wahrheit ist ein Sieger der, welcher seine eigenen Antriebe beherrscht. Man denkt, ein Reicher sei einer mit viel Geld. In Wirklichkeit ist ein Reicher der, welcher mit dem zufrieden ist, was er hat, sei es wenig oder viel.

Schließlich denkt man, ein angesehener Mensch sei der, den alle respektieren. Aber ein angesehener Mensch ist der, welcher die anderen respektiert."

✡

Einer fragte den chassidischen Meister Mendel von Kozk:

„Meister, können Sie mir sagen, was ich tun soll?"

„Ich kann dir nur sagen, was du nicht tun sollst. Die Entscheidung darüber, was du tun sollst, musst du selber treffen."

Charakter und Freiheit

Herr Schuschani, der Meister von Emmanuel Levinas, lehrte Folgendes über das Zeitverständnis des Judentums: „In der zivilen Gesellschaft beginnt der Tag um Mitternacht, während die Mehrzahl der Menschen schläft. Damit sind sie dann beim Aufwachen bereits in einem neuen Tag. Das ist in etwa so, wie wenn eine Frau während der Zeit ihrer Entbindung eines Kindes eingeschläfert wäre. Im Judentum dagegen beginnt der neue Tag (zum Beispiel der Sabbat), sobald die Sonne untergeht. Wir erleben also die Geburt des neuen Tages hellwach mit."

✡

Haim Ben Attar legte den Vers Lev 19,2, „Rede zur *ganzen* Gemeinde Israel", so aus: „Dieser Vers bedeutet, dass jeder Mensch, also nicht nur einige Initiierte oder eine kleine Elite, heilig sein kann. Die Heiligkeit ist im Gegenteil für jeden erreichbar. Jeder Mensch kann, wenn er will, so wie Mose werden."

Der Rabbi von Woloschin war da anderer Ansicht: „Es handelt sich hier nicht um den Aufruf an ein Kollektiv, sondern an jeden Einzelnen. Von jedem wird verlangt, gemäß seinen Fähigkeiten, seiner Eigenart und dem Grad seines Verständnisvermögens heilig zu sein.

Die Gebote sind gewiss für alle, Große wie Kleine, Gebildete wie Ungebildete, die Gleichen, aber nach der Heiligkeit muss jeder gemäß seinem Maß trachten."

✡

Ein junger Rabbi kam zu Haim von Ksans, einer führenden Gestalt des Chassidismus, und der fragte ihn:

„Wer bist du?"

„Ich bin der Enkel von dem und dem Meister", gab der junge Rabbi zur Antwort.

„Ich habe dich nicht danach gefragt, wer dein Großvater ist, sondern wer du bist."

✡

Nach dem Vorfall mit dem Goldenen Kalb wandte sich Mose an Gott und sprach zu ihm: „Nimm ihre Sünde von ihnen! Wenn nicht, dann streich mich aus dem Buch, das du angelegt hast" (Ex 32,32). Diese wie ein Ultimatum formulierten Worte hatten zur Folge, dass Mose in diesem Kapitel der Bibel kein einziges weiteres Mal erwähnt wird, obwohl darin beschrieben wird, welche Unterweisungen Gott ihm gab. Die Kommentatoren schlossen daraus, dass „sich der Fluch, den ein Weiser ausspricht, sogar dann erfüllt, wenn er ihn nur bedingungsweise gesprochen hat".

✡

Ausspruch des Pinchas von Koriz: „In jedem Menschen steckt etwas Kostbares und Einmaliges, das man bei keinem anderen finden kann."

✡

Ausspruch des Nachum von Stepinescht: „Wenn wir unsere Leiden alle nebeneinander an Haken aufhängen würden und sich dann jeder von uns einige aussuchen könnte – ich bin überzeugt, am Ende würde jeder wieder seine eigenen wählen."

✡

Ausspruch des Abraham Israel Sadgor: „Jeder Mensch hat seinen Ort und jeder hat seinen Platz. Warum kommt man sich dann zuweilen so eingeengt vor? Weil jeder ständig auf den Platz des anderen aus ist!"

✡

Ausspruch des Pinchas von Koriz: „Du bist doch damit einverstanden, dass das Gesicht deines Nächsten nicht dem deinigen gleicht. Dann sei auch damit zufrieden, dass seine Überzeugungen anders sind als die deinen!"

✡

Ausspruch des Bunam von Pzysha: „Wenn ich mir die Welt ansehe, habe ich oft den Eindruck, jeder Mensch gleiche einem Baum, der sich mitten in einer Wüste einsam und allein hochreckt."

✡

Ausspruch des Pinchas von Koriz: „Jedes Volk, ganz gleich welches, enthält einen Funken Heiligkeit, von dem es seine Stärke und Lebenskraft bezieht."

✡

Ausspruch des Bunam von Pzysha: „Der Mensch ist frei, welcher von keinem anderen und auch nicht von sich selbst abhängig ist."

✡

Ausspruch des Israel Salanter: „Man hat den Menschen schon mit dem Vogel verglichen: Er verfügt über die Kraft, von ganz hoch oben auf die Umstände herabzuschauen, gegen die er unablässig mit seinen Flügeln ankämpft. Wenn er einen Augenblick damit aufhört, stürzt er ab. Genauso ist es beim Menschen."

✡

Ausspruch des Mendel von Kozk: „Wenn du dich im Leben verirrst und deine Seele in der Krise nicht mehr aus noch ein weiß, dann mache eine Bestandsaufnahme deiner selbst. Frage dich zunächst: Was will ich?"

✡

Die Schüler des Rabbi Yossef von Wilna fragten ihn eines Tages, warum man täglich dem Himmel dafür danke, „dass er aus uns keine Sklaven gemacht" habe, wo doch die Sklaverei gar nicht mehr existiere.

„Auch in unseren Tagen", gab der Rabbi zur Antwort, „gibt es in der Seele jedes Einzelnen eine Neigung dazu, eine gewisse Versklavung zuzulassen. Darum bitten wir Gott, uns zu helfen, freie Menschen zu bleiben."

✡

Ausspruch des Susja von Anapoli: „Wenn man mich in der kommenden Welt fragen sollte: ‚Warum warst du nicht so wie der Prophet Mose?', dann wäre ich um eine Antwort nicht verlegen. Aber falls man mich fragen sollte: ‚Warum warst du nicht du selbst?', dann käme ich in große Verlegenheit."

✡

„Rabbi, warum verhalten Sie sich nicht wie Ihr verstorbener Vater?"

„Im Gegenteil, ich verhalte mich ganz genau wie er. Er hatte den Mut, keinen einzigen anderen nachzuahmen. Genauso lege ich Wert darauf, nicht der Nachahmer eines anderen zu sein."

✡

Ausspruch des Bunam von Pzysha: „Der Mensch sollte immer zwei Taschen mit sich tragen. Auf die eine soll er schreiben: ‚Ich bin nur Staub und Asche', und auf die andere: ‚Die Welt wurde für mich erschaffen'."

✡

Das Wort Gottes an Abraham „Zieh hin!" (Gen 12,1) wurde nicht nur zu ihm gesagt, sondern zu allen Menschen in der Geschichte: Mache dich auf den Weg zu dir selbst, werde, der du bist, folge dem Weg, der deinem Charakter entspricht.

✡

Ausspruch des Israel Salanter: „Der Mensch ist frei dank seiner Phantasie, aber ein Gefangener wegen seines Verstands."

✡

Ausspruch des Dow Ber von Mesritsch: „Das Denken bezeichnet man als die Welt der Freiheit."

✡

Der Text von Genesis 1,27 besagt: „Gott schuf den Menschen als sein Abbild; als Abbild Gottes schuf er ihn." Mendel von Kozk kommentierte dazu: „Der Mensch muss sorgfältig auf sein Abbildsein und seine Einmaligkeit achten und sollte nicht versuchen, irgendjemand anderen nachzuahmen, weder im Tun noch im Denken. Denn zunächst wurde er als sein eigenes Abbild erschaffen und erst dann als Abbild Gottes."

✡

„Was zu suchen bist du in dieses Lehrhaus gekommen?", fragte der Rabbi einen neuen Schüler.

„Um Gott zu suchen bin ich gekommen."

„Da hast du dich umsonst bemüht. Es war wirklich nicht notwendig, bis hierher zu kommen. Gott ist überall!"

„Was kann man also in diesem Lehrhaus hier finden?"

„Sich selbst!"

✡

Bunam von Pzysha erzählte die folgende Geschichte:

„Eisik, ein Mann aus Krakau, hatte alle Unglücke der Welt erlebt. Dazu war er auch noch ohne einen Pfennig. Eines Nachts träumte er, er solle nach Prag gehen. Dort werde er unter der Stadtbrücke einen versteckten Schatz finden.

Anfangs schenkte er diesem Traum keine große Bedeutung,

aber da er ihn immer wieder hatte, beschloss er, doch hinzugehen und nachzusehen, ob das stimme.

An der Brücke angekommen, sah er, dass sie Tag und Nacht von bewaffneten Soldaten bewacht wurde. Er wusste nicht, was er tun sollte, denn er hatte Angst, den Verdacht der Wächter zu erregen. Jeden Abend kehrte er in seine Herberge zurück, ohne jemals die Möglichkeit zum Graben finden zu können. Der Leiter der Wachmannschaft merkte, dass er ständig wiederkam, und fragte ihn schließlich, was er hier suche. Eisik zögerte nicht, dem Offizier seinen Traum zu erzählen, und dieser lachte ihn lauthals aus: Man dürfe doch solchen Träumen keinen Glauben schenken! Er selbst träume auch schon seit mehreren Nächten immer wieder, er solle nach Krakau fahren und nach einem Juden namens Eisik fragen, denn unter dessen Ofen sei ein riesiger Schatz vergraben.

Da kehrte Eisik wieder heim und fand ohne weitere Schwierigkeiten die Stelle, an der der Schatz vergraben war.

Diesen Schatz", so schloss Bunam von Pzysha, „findet man nirgendwo anders als bei sich selbst daheim."

Liebe, Ehe, Familie

An drei Stellen legt uns die Bibel ans Herz, die Eltern zu ehren, aber nie spricht sie von der Notwendigkeit, seine Kinder zu ehren. Und dennoch, so bemerkt ein heutiger Kommentator, bemühen sich alle Väter um das Wohl ihrer Kinder, wogegen man viel weniger erlebt, dass sich Kinder mit aller Kraft um das Wohl ihrer Eltern bemühen.

✡

Worum ging der Streit zwischen Kain und Abel, der zum ersten Mord in der Geschichte führte? Eine Legende erzählt, einer der beiden Brüder habe dem anderen verboten, sich auf seinem Gelände aufzuhalten. Nach einer anderen Legende habe jeder der beiden Brüder verlangt, der Tempel müsse auf seinem Grundstück erbaut werden. Eine dritte Überlieferung schließlich behauptet, der Streit zwischen ihnen habe sich deshalb entzündet, weil jeder der beiden sich eine ihrer Schwestern aneignen wollte.

Daraus lernen wir, so schrieb Jeschajahu Leibowitz, dass es beim ersten Konflikt der Geschichte um Eigentum, um eine Frage der Ehre und um die Frau ging.

✡

Ausspruch des Meir von Premischlan: „Will ein Mensch in Frieden mit den Mitgliedern seiner Familie leben, so ist es von Vorteil, dass er sich in möglichst weiter Entfernung von ihnen niederlässt." So ließ Joseph seinem Vater Jakob mitteilen: „Du kannst dich im Gebiet von Goschen niederlassen und wirst in meiner Nähe sein" (Gen 45,10).

✡

Der Textabschnitt ab Genesis 25,19 fängt so an: „Und das ist die Geschlechterfolge nach Isaak, dem Sohn Abrahams: Abraham zeugte Isaak." Der 1997 verstorbene israelische Rabbi Mosche Malka griff die Frage auf, die sich alle Kommentatoren stellten: Wenn Isaak der Sohn Abrahams ist, warum muss dann noch einmal eigens gesagt werden, Abraham habe Isaak gezeugt? Welchen Sinn hat diese scheinbar überflüssige Wiederholung im Text?

Er gab zur Antwort, der Begriff „zeugen" bedeute hier „erziehen, ausbilden". Die Bibel, die kein Geschichtsbuch sei, wolle uns in diesem Text daran erinnern, dass zum Zeugen ganz wesentlich gehöre, nach der Geburt das neue Menschenwesen zu unterrichten, zu bilden und zu erziehen. Abraham habe sich also nicht damit begnügt, Isaak das Leben zu schenken, sondern er habe ihm auch alle spirituellen und moralischen Qualitäten weitergegeben, über die er selbst verfügt habe: „Die Weisen Israels äußerten im Talmud *Sanhedrin* (19b) tatsächlich die Überzeugung, wenn man sich um die Erziehung eines Kindes bemühe, sei das so, als habe man es zur Welt gebracht."

✡

Welches Unglück ist es für einen Vater, der sich an seinem Lebensabend gezwungen sieht, für seinen Lebensunterhalt auf seine Kinder zurückgreifen zu müssen! Die Kinder sind allerdings nicht alle gleich. Es gibt solche, die zum Vater sagen: „Sei nicht traurig. Das Essen, das ich dir hier vorsetze, gehört nicht mir. Es gehört Gott!"

Und es gibt solche, die – wie Esau – ganz hart zu ihrem Vater sagen: „Setze dich und iss von dem, was *ich* erjagt habe" (Gen 27,19).

✡

Als der Talmudmeister Rabbi Yossef die Schritte seiner Mutter nahen hörte, rief er aus: „Ich muss mich erheben, um die göttliche Gegenwart zu empfangen!"

✡

Im Talmudtraktat *Kidduschin* (31a) über die Eheschließung wird die Geschichte eines Nichtjuden namens Dema Ben Netina erzählt. Zu ihm kamen eines Tages Juden, um von ihm einen kostbaren Edelstein für den Brustschmuck des Hohen Priesters am Tempel in Jerusalem zu erwerben. Er war einverstanden, ihnen diesen um die Summe von hundert Goldstücken zu verkaufen. Aber als er den Stein holen wollte, ergab es sich, dass sein Vater gerade schlief und seine Füße auf der Schachtel ruhen hatte, in der dieser Stein verwahrt lag. Da begab er sich wieder zu der Abordnung der Juden und sagte ihnen ohne weitere Angaben, dass der Verkauf leider doch nicht stattfinden könne. Die Abgesandten des Tempels meinten, er wolle eben mehr Geld dafür, und begannen, ihm immer höhere Angebote dafür zu machen, bis sie bei tausend Goldstücken waren.

Aber derweil gab man Ben Netina Bescheid, dass sein Vater aufgewacht sei und der Verkauf getätigt werden könne. Da beschloss er, nicht die inzwischen gebotene Summe anzunehmen, sondern nur die hundert Goldstücke, und erklärte: „Die

Ehrfurcht, die ich meinem Vater schulde, kann nicht der Gegenstand meines Handels sein. Ihr müsst mir nur hundert Goldstücke geben, denn auf diese Summe hatten wir uns ursprünglich geeinigt."

Später fragten sich die Meister des Talmud, wie Ben Netina wohl vom Himmel dafür belohnt worden sei. Rabbi Yossi sagte: „Eine rote Kuh (vgl. Num 19,1–22) wurde ihm in seiner Herde geboren. Die Hebräer kauften sie eiligst; sie bezahlten Ben Netina des Gewicht der Kuh in Gold."

✡

Ich liebe sehr die Engel, vor allem, wenn sie mich am Freitagabend von der Synagoge nach Hause begleiten. Dort empfange ich sie mit großer Freude, heiße sie willkommen und bitte sie, meiner Familie den Friedenssegen zu überbringen. Aber wenn die Stunde des Mahles kommt, sage ich zu ihnen: „Dienstbare Engel, geht nun in Frieden!" Der Grund dafür ist, dass ich mein Sabbatmahl lieber mit meinen Angehörigen als mit Engeln halte.

✡

Nach dem Tod seiner Frau Golda hielt ihr Mann, Rabbi Mosche Isserles, eine der größten Autoritäten des Judentums der aschkenasischen Tradition, einen außergewöhnlich innigen, ergreifenden Nachruf. Einige Zeit später hielt er bei seinem Ex-Schwiegervater um die Hand der zweiten seiner Töchter an. Dieser gab ihm zur Antwort: „Ich kann dir diese Bitte nicht gewähren. Dein Nachruf auf meine tote Tochter war derart großartig gelungen, dass ich fest annehmen muss, du habest ihn schon lange vor ihrem Tod vorbereitet …"

✡

Ausspruch des Dow Ber von Mesritsch: „Vom Kind kann man drei Dinge lernen: Es ist ohne Grund fröhlich; es bleibt keinen Augenblick unbeschäftigt; wenn es etwas will, versteht es, das mit Kraft durchzusetzen."

✡

Rabbi Yossi Ben Kisma sagte:

„Wehe um die, welche gegangen ist und nie mehr kommt!"

„Wen meinst du damit?"

„Die Kindheit."

✡

„Die Bibel sagt: ‚Du sollst vor einem weißen Kopf aufstehen' (Lev 19,32). Wisst ihr, was das bedeutet?", fragte Rabbi Mendel von Kozk seine Schüler. „Das heißt, dass ihr, die Alten, gegen das Alter aufbegehren müsst!"

✡

Mose und Aaron sprachen zum Pharao: „Wir werden mit unseren Jungen und mit unseren Alten gehen" (Ex 10,9). Das bedeutet, dass eine Gesellschaft, die ihre Jungen vernachlässigt, einem Altersheim gleicht, und eine Gesellschaft, die ihre Alten im Stich lässt, einem Waisenheim.

✡

Glücklich die Jungen, die sich von der Weisheit der Alten inspirieren lassen! Glücklich die Alten, die sich von der Begeisterung der Jungen Mut schenken lassen!

✡

Ausspruch des Rabbi Ischmael (1. Jahrhundert): „Zehn Mal wandten sich die Jakobssöhne an Joseph mit der Anrede: ‚Unser Vater, dein Knecht.' Joseph hörte das und äußerte nicht die geringste Reaktion. Und wegen dieses Schweigens, das einer Zustimmung gleichkam, wurde das Leben des Joseph um zehn Jahre verkürzt."

✡

In der talmudischen Akademie kam die Frage auf: „Wie kann der Midrasch behaupten, dass Joseph zehnmal gehört haben soll, wie man seinen Vater als ‚Knecht' bezeichnete, wo doch im biblischen Text diese Formulierung in Wirklichkeit nur fünfmal gebraucht wird?"

Die Frau des Vorsitzenden der Akademie fand die Antwort: Es heiße im biblischen Bericht (Gen 42,23) ja, dass sich Joseph eines Dolmetschers bedient habe. Folglich habe Joseph die Redewendung ‚unser Vater, dein Knecht' fünfmal aus dem Mund seiner Brüder selbst und fünfmal aus dem Mund des Dolmetschers gehört.

✡

„Der Segensspruch, den die Juden bei der Feier der Eheschließung sprechen, ist merkwürdig", sagte ein katholischer Priester zu einem Rabbiner. „Ihr bittet Gott, den Verheirateten die gleiche Freude zu schenken, wie man sie dereinst im Garten Eden genoss. Woher könnt ihr wissen, welche Freude Adam und Eva miteinander hatten? Wart ihr bei dieser Ehe dabei? Wisst ihr, wie ihre Beziehung zueinander wirklich war?"

Der Rabbiner erwiderte darauf: „In Wirklichkeit wollen wir

damit sagen, dass genau wie der erste Mann offensichtlich keine andere Frau als Eva begehrte, auch wir diesen beiden Neuvermählten wünschen, dass sie einander so ansähen, als seien sie die beiden einzigen Menschen auf der Welt."

✡

„Wem gleicht das Kind, solange es sich noch im Schoß seiner Mutter befindet? Einem zugeschlagenen, bereitgelegten Heft" (*Kidduschin* 30b). Erst wenn das Kind zur Welt kommt, öffnet sich das Heft und seine Seiten werden in dem Maß beschrieben, in dem die Tage vergehen.

✡

„Die Furcht ist ein sich Zusammenziehen", sagte der Rabbi von Mesritsch. „Die Liebe ist ein sich Ausweiten."

✡

„Die Segnung eines Freundes ist von großer Bedeutung im Himmel", sagte Dow Ber von Mesritsch: „Sie kann eine größere Wirkung entfalten als der Engel Michael."

✡

Mosche Ibn Esra sagte: „Der Bruder ist dir dem Fleisch nach nahe, der Freund dem Geist nach."

✡

Zum chassidischen Rabbi Mendel von Kozk sagte jemand:

„Wissen Sie, dieser Student, der unlängst geheiratet hat, ist sehr sorgfältig darauf bedacht, die Gebote der Torah einzuhalten!"

„Das kommt daher, dass er gemerkt hat, wie die Anwendung des Gebots ‚Wachset und mehret euch' alles in allem doch recht genussvoll ist. So stellt er sich sicher vor, dass die übrigen Gebote das genauso sein werden!"

✡

Ein rabbinischer Student beschwerte sich bei Rabbi Jehuda Leib von Ger, seit er eine eigene Familie gegründet habe, weigere sich sein Vater, ihn weiterhin zu unterstützen. „Stellen Sie sich vor, er lässt es zu, dass die Mitglieder meiner Familie vor Hunger sterben!"

Von der Aufrichtigkeit und der Niedergeschlagenheit des jungen Mannes gleichermaßen beeindruckt, rief der Rabbi den Vater unverzüglich zu sich.

Dieser erklärte ihm: „Mein Leben lang habe ich darauf geachtet, dass es meinen Kindern an nichts fehlt. Es war mir sogar ein Anliegen, höchstpersönlich alle Unkosten ihrer Hochzeiten zu tragen. Aber ich gebe zu, dass ich mich ab dem Zeitpunkt, zu dem sie ihrerseits eine Familie gründen, in keiner Weise mehr verpflichtet fühle, weiterhin ihr Auskommen zu sichern."

Der Rabbi holte eine Bibel, schlug das 11. Kapitel des Buches Numeri auf und sagte zu seinem Gegenüber: „Als die Hebräer sich bei Mose beschwerten und zu ihm sagten: ‚Wer gibt uns Fleisch zu essen?', da wandte sich dieser an Gott und fragte ihn: ‚Habe denn ich dieses ganze Volk in meinem Schoß getragen, oder habe ich es zur Welt gebracht?' Und er fügte hinzu: ‚Woher soll ich für dieses ganze Volk Fleisch nehmen?'

Da stellt sich die Frage: Warum verspürte Mose das Bedürfnis, so zu fragen? Warum begnügte er sich nicht mit der einfachen Feststellung: ‚Ich habe kein Fleisch‘? Ist das nicht deshalb, weil er, wenn er das Volk tatsächlich zu Welt gebracht hätte, normalerweise auch verpflichtet gewesen wäre, es zu ernähren?

Wisse also, dass die Verpflichtung des Vaters gegenüber seinen Kindern endlos und grenzenlos ist!“

✡

Beim Kommentieren des Bibelverses „Wegen der Frau behandelte der Pharao Abraham gut“ (Gen 12,16) sagte Rabbi Halbo: „Man muss immer darauf bedacht sein, dass die eigene Frau in Ehren steht, denn letztlich wird ein Haushalt nur dank der Gemahlin gesegnet.“

✡

Im Talmud heißt es seitens der Schule des für seine rigorose Strenge bekannten Schammai, der Mann sei berechtigt, sich von seiner Frau scheiden zu lassen, selbst wenn diese nur „einen Braten habe verderben lassen“.

Eines Tages sagte ein Schüler zu Rabbi Yossef Zonenfeld: „Das ist schwierig einzusehen: dass ein Mann berechtigt sein könne, sich wegen einer solchen lächerlichen Kleinigkeit von seiner Frau zu trennen.“

„Es ist umgekehrt“, erwiderte der Rabbi, „die Weisen dachten dabei in erster Linie an die Frau. Wenn ein Mann in der Lage ist, seine Frau aus einem derart unwichtigen Grund zu entlassen, welchen Sinn hätte es da noch, dass sie sein Leben teilte? Da ist für die Frau die Scheidung doch das Allerbeste.“

✡

Ausspruch des Schimon von Jeruslaw: „In den weit entfernten Dörfern, wo man mich nicht kennt, nennt man mich den *Zaddik* (den Gerechten); in meinem Dorf, wo man mich ein wenig kennt, nennt man mich Rabbi Schimon. Aber meine Frau, die mich besser als jeder andere kennt, nennt mich nur mit meinem Vornamen, ‚Schimon'."

✡

Ausspruch des Nachman von Braslaw: „Alle wichtigen Dinge, die ich erreichen konnte, wiegen in meinen Augen nicht eine einzige Minute der Liebe auf."

✡

Ausspruch des Schneur Salman von Liadi: „Wenn ein Mensch wahrhaft liebt, verblassen gegenüber dieser Liebe alle spirituellen Freuden des Paradieses von oben und desjenigen von unten."

Leben, Sterben und Auferstehen

Im Talmud wird erzählt, dass Rav Scheschet sich eines Tages auf dem Markt befand, als er merkte, dass ihn der Tod scharf ins Auge fasste. Da habe er zu ihm gesagt: „Was? Hier? Mitten auf dem Markt? Du willst mir das Leben wegnehmen wie einem Tier? Nein, komme gefälligst mit mir heim!“

✡

Wir sollten nicht die Geheimnisse zu begreifen versuchen, die unsere Fassungskraft übersteigen. Diesen Schluss zog Hafez Haim daraus, dass es im ersten Vers der Genesis heißt: „Im Anfang schuf Gott den Himmel und die Erde“, aber kurz danach im Bericht nur noch von der Erde die Rede ist. „Das lehrt uns, dass es uns freisteht, alle Geheimnisse bezüglich der Natur und der Erde zu ergründen, aber nicht diejenigen über das Übrige.“

✡

Der Maharal von Prag, ein hochberühmter Meister des 14. Jahrhunderts, fragte eines Tages den Rabbiner Yom Tov Lipmann Heller, wie der Brauch entstanden sei, nach dem Tod eines Menschen in seinem Haus Texte aus dem ersten Teil des Talmud, der Mischna, zu verlesen.

Yom Tov Lipmann Heller gab darauf die Antwort: „Dahinter steckt ein tiefer Gedanke. Bekanntlich anerkannten die Sadduzäer nicht das mündliche Gesetz, lehnten den Glauben an die Auferstehung der Toten völlig ab und vertraten, es gebe keine ‚künftige Welt'. Indem man nun Texte der Mischna liest, also des mündlichen Gesetzes, verkündet man den Familienangehörigen des Verstorbenen laut und deutlich, dass die Sadduzäer Unrecht haben."

✡

Das Buch Exodus wird von der jüdischen Tradition als das Buch „Namen" *(Schemot)* bezeichnet, nach dem Anfangswort seines ersten Verses „Namen der Söhne Israels, die nach Ägypten kamen". Shalom Rosenberg schreibt dazu: „Es gibt eine Ethik der Namen. Zahlreiche Kinder haben schon unter Spitznamen oder albern klingenden Namen leiden müssen. Rabbi Hanina, einer der Meister des Talmud, sagte: ‚Diejenigen, welche ihre Freunde öffentlich demütigen oder schlecht über sie reden, verlieren ihr Recht auf das ewige Heil.' Eine der Weisen, auf die Auschwitz noch heute unser Leben begleitet, sind die auf die Arme tätowierten Zahlen. Diese Zahlen stellten eine völlige Enthumanisierung des Menschen dar. In der Schoah hat man versucht, uns in Zahlen zu verwandeln. Von daher kommt dem festen Brauch, am Gedenktag der Schoah die Namen der Opfer vorzulesen, eine so hohe Bedeutung zu."

✡

Den Rabbi Pinchas von Konsk fragte einer seiner Schüler: „Warum beobachten Sie seit einiger Zeit so aufmerksam die einzelnen Teile Ihrer Uhr?"

„Ich versuche zu sehen, wie sie sich abbaut. Mittels ihrer forsche ich dem Geheimnis des Sterbens nach."

✡

Abraham Jehoschua Heschel von Apt sprach in den Gebeten, die er an Gott richtete: „Meister der Welt, ich bin mir dessen bewusst, dass ich weder Tugenden noch Verdienste habe, die es rechtfertigten, dass du mich nach meinem Tod ins Paradies schicktest. Falls es dein Wille ist, mich mitten unter die Bösen in die Hölle zu schicken, so musst du wissen, dass ich nicht so beschaffen bin, dass ich mit ihnen gut auskommen würde. Deswegen, o Herr, bitte ich dich, alle Bösen aus der Hölle zu ziehen, ehe du mich dort hineinwirfst."

✡

Ausspruch des Nachman von Braslaw: „Die Leute sagen, es gebe diese Welt hier und die künftige Welt. Wir glauben an die künftige Welt. Was diese Welt hier angeht, so existiert vielleicht auch sie. Aber was wir tatsächlich vor Augen haben, ist bloß eine Hölle."

✡

In der Stadt Kozk schlief man möglichst wenig. Die Weisen der Stadt sagten: „Wenn wir in dieser Welt schon schlafen, was werden wir dann tun, wenn wir tot sein werden?"

✡

Mose sagte zum Pharao: „Mit welchem Opfertier wir Gott verehren sollen, wissen wir nicht, ehe wir dort angekommen sind“ (Ex 10,26). Ein Gesetzeslehrer erklärte diesen Vers so: „Hat das, was wir in dieser niedrigen Welt tun, tatsächlich irgendeinen Sinn? Haben unsere Handlungen eine wirkliche Bedeutung? Das werden wir erst wissen, wenn ‚wir dort angekommen sind‘, wo wir Rechenschaft über alles ablegen müssen.“

✡

Ausspruch des Bunam von Pzysha: „Mein ganzes Leben lang habe ich nur eines getan: das Sterben gelernt.“

✡

Warum gibt es im hebräischen Kalender ein Fest zum „Neujahr der Bäume“? Nach Shalom Rosenberg dient das dazu, uns an unsere ökologische Pflicht und unsere Sorge um unsere Umwelt zu erinnern, und insbesondere um die Bäume. Wenn man einen Baum pflanze, nehme man seine Pflichten gegenüber den kommenden Generationen wahr. Das sei Ausdruck jener ökologischen Verantwortung, die das gerade Gegenteil der heute üblichen drei Prioritäten „ich, hier, jetzt“ sei.

✡

Ausspruch des Mosche Leib von Sassow: „Der Weg in dieser Welt ist schmal wie die Schneide des Rasiermessers: auf der einen Seite die Hölle, auf der anderen der Abgrund. Dazwischen der Weg des Lebens. Man muss raschen Schritts vorwärtsgehen.“

✡

Ausspruch des Hafez Haim: „Von Zeit zu Zeit hört man sagen, der und der Mensch beklage, nichts zum Leben zu haben. Aber ich habe noch nie jemanden sich beklagen hören, nichts zum Sterben zu haben."

✡

Ausspruch des Mendel von Kozk: „Als Rabbi Juda der Heilige (Mitte des 3. Jahrhunderts) sagte, es gebe Menschen, die binnen einer Stunde ihre Anwesenheit in der künftigen Welt gewährleisteten, fing er zu weinen an. Warum diese Tränen? Weil er bedachte, dass man das, was man binnen einer Stunde gewinnen könne, auch genauso binnen einer halben Stunde verlieren könne."

✡

Ein Götzenanbeter fragte eines Tages Rabbi Jehoschua Ben Korkha (einen Weisen des Talmud):

„Es steht geschrieben, dass ‚es Gott reute, den Menschen auf der Erde geschaffen zu haben, und es seinem Herzen weh tat' (Gen 6,6). Dennoch behauptet ihr Juden, dass Gott im Voraus wisse, was geschehen werde. Wie konnte er das also bereuen?"

Der Rabbi gab zur Antwort:

„Was hast du getan, als dein Sohn zur Welt kam?"

„Ich habe mich gefreut und ein Fest gefeiert!"

„Na also. Du hast dich gefreut. Aber du wusstest doch, dass dieses Kind schließlich eines Tages sterben werde?"

„Ja, aber alles zu seiner Zeit: zur Zeit der Freude das Freuen, zur Zeit der Trauer das Trauern!"

„Genau so hat es auch Gott gehalten. Er wusste, dass der Mensch schließlich sündigen werde, aber er hat ihn dennoch erschaffen, denn er wusste auch, dass es unter den Menschen etliche Gerechte und Weise geben werde."

✡

„Abel wurde Schafhirt" (Gen 4,2). Kain wollte sich nicht mit Tieren abgeben, weil er fürchtete, sie leiden sehen zu müssen. Das hinderte ihn nicht daran, seinen Bruder zu töten.

Auch heute noch gibt es zahlreiche Menschen, die das größte Mitleid mit den Tieren haben, aber in ihren Beziehungen zu ihren Mitmenschen recht grausam sein können.

✡

Rabbi Mosche Teitelbaum hatte einen Traum. Darin bat er Gott, ins Paradies der großen Heiligen der Mischna aufgenommen zu werden. Da wurde er angewiesen, sich zuerst einmal in einem Brunnen zu reinigen. Vor ihm ragte ein Berg hoch. Es wurde ihm gesagt, die Engel würden ihm beistehen, ihn zu überwinden.

Schließlich befand er sich mitten im Paradies. Überall sah er Weise herumsitzen und die Torah studieren. Das wunderte ihn sehr: Sollte das Paradies nur darin bestehen? Es waren keine schönen Bäume zu sehen, kein Lichtglanz, keine Seraphim – ganz und gar nichts Wunderbares. Es zwitscherten keine Vögel, es sangen keine Engel … Eigenartig!

Da sprach eine Stimme zu ihm: „Ja glaubst du denn, Mosche Ben Hanna, dass die Weisen im Paradies seien? Ganz und gar nicht! Das Paradies ist in den Weisen!"

„Na gut, aber ich höre auch keinerlei Freudenrufe!"

„Die Freude steckt im Innern eines jeden von ihnen!"

✡

Jakob hatte seinen Sohn Joseph um die „Gnade“ gebeten, ihn im Grab seiner Väter zu bestatten. Raschi erklärte dazu, dass „die Gnade, die man den Toten gewährt, eine Gnade der Wahrheit ist, denn man erwartet nicht, dass man umgekehrt das Gleiche bekommt“.

Der Meister Israel von Modzitz erklärte, ebenso werde die Torah eine „Torah der Gnade“ genannt. Man müsse sie studieren, ohne die geringste Belohnung dafür zu erwarten.

✡

Ausspruch des heutigen Weisen Elijahu Dessler: „Die Menschen haben Angst vor dem Tod, weil sie nicht wissen, was das ist. Als ob sie wüssten, was das Leben wirklich ist!“

Erinnerung und Hoffnung

Rabbi Noach von Lakowitz wurde von einem seiner Schüler gefragt:

„Jeden Tag sage ich zu Gott: ‚Ich glaube vollkommen an dich.' Aber ich bin mir nicht ganz sicher, ob mein Glaube echt ist. Das geht so weit, dass ich den Eindruck habe, ich spreche Gott eine Lüge vor."

„Wisse", erwiderte der Rabbi, „dass das ‚Ich glaube', das wir sprechen, keine Information ist, die wir Gott mitteilen, sondern eher ein Gebet, eine Bitte und eine Hoffnung. Der Jude sagt zu Gott: ‚Meister der Welt, ich möchte wahrhaft glauben. Bewirke du, dass mein Glaube ein wahrer Glaube sei!'"

✡

Ausspruch des Shalom Rosenberg: „Solange die Kerze brennt, kann man noch etwas machen."

✡

Pinchas Peli schrieb: „Wer ist Jude? Nicht der, welcher sich jüdischer Großeltern rühmen kann, sondern der, welcher mit Zuversicht von seinen jüdischen Enkeln sprechen und sich an das Beispiel des Jakob halten kann, der Joseph bat: ‚Bring sie her zu mir, ich will sie segnen.'"

✡

Wenn der Hohepriester sich am Kippurtag im Allerheiligsten des Tempels befindet, warum bringt er dann nicht im Gebet lang und ausführlich die Unglücke Israels zur Sprache? Auf diese Frage gab der Rabbi von Woloschin die folgende Antwort: „Wenn sich der Hohepriester im Allerheiligsten befindet, vergisst er vollständig alles, was sich im Erdenleben ereignet. Erst wenn er herausgeht, erinnert er sich wieder daran."

✡

Ausspruch des Schlomo Klinger: „Im Buch Kohelet gibt es viele Aussagen des Königs Salomo über die Vergänglichkeit und Nichtigkeit der Welt. Die Erste von ihnen ist die Behauptung: ‚Alles ist nichtig und eitel.'"

✡

Über den Erinnerungstag schrieb Adam Baruch: „Ihn gibt es nur im Judentum, wo die Pflicht, sich zu erinnern, ein religiöses Gebot ist. Maimonides spricht von der Anweisung an uns, ‚nicht zu vergessen'. Denn das Vergessen tötet."

✡

Naftali von Ropschitz hatte geäußert, er fürchte, man werde ihm im Paradies seinen Platz neben einem religiösen Dummkopf zuweisen. Einer seiner Schüler bemerkte hierzu: „Sie brauchen das nicht zu befürchten. Ich kann Ihnen schwören, dass noch nie ein Dummkopf seinen Fuß ins Paradies gesetzt hat."

✡

Rabbi Akiba Eiger hatte kurz vor seinem Tod das Verbot ausgesprochen, auf sein Grab auch nur den geringsten lobenden Spruch anzubringen: „Ich möchte nicht mit Lügen in der Welt der Wahrheit ankommen."

✡

Isaak Abravanel kommentierte den Vers „Sieh zum Himmel hinauf und zähle die Sterne" (Gen 15,5) folgendermaßen: „In der Nacht kann man die Sterne sehen. Genauso können die Juden dann, wenn sie ganz tief unten sind, ein wenig Licht sehen. Ich habe das selbst erfahren, als die Juden aus Spanien vertrieben wurden."

✡

„Gott legte einen Garten in Eden an, im Osten ..." (Gen 2,8). Rabbi Elijah Bekar äußerte, es sei verwunderlich, dass es trotz der Einzelheiten, die der biblische Bericht über die Lage des Gartens Eden angebe, noch keinem Forscher gelungen sei, herauszufinden, wo er genau gelegen habe. „Es könnte natürlich auch sein, dass ihn manche Reisende in Wirklichkeit schon gefunden und sich dort schlicht und einfach niedergelassen haben. Denn wer sollte schon so töricht sein, ihn noch einmal zu verlassen, um sich in unsere Gesellschaft zu begeben?"

Menschen und Zeugnisse

Christian Feldmann
„Wir hätten schreien müssen"
Das Leben des Dietrich Bonhoeffer
Band 5675
Am 4. 2. 1906 in Breslau geboren. Am 9. 4. von den Nazis ermordet. Der Großbürger, der zum Verschwörer wurde. Ein kurzes, dramatisches Leben und eine der großen Figuren deutscher Geschichte.

Walter Homolka
Leo Baeck
Jüdisches Denken – Perspektiven für heute
Band 5728
Jesus war für Baeck integraler Bestandteil der eigenen Geschichte. Er bereitete den Boden für den Dialog von Juden und Christen. Rabbiner Walter Homolka zeichnet das Wegweisende seines Ringens um die jüdische Existenz.

Elisa Klapheck
So bin ich Rabbinerin geworden
Jüdische Herausforderungen hier und jetzt
Band 5577
Eine außergewöhnliche Frau, jung, reformorientiert, Rabbinerin in Deutschland. Sie berichtet nicht nur von ihrem Weg ins Rabbinat. Sie zeichnet das Porträt einer ganzen Generation junger Juden.

Lotte Paepcke
Ein kleiner Händler, der mein Vater war
Eine deutsch-jüdische Geschichte
Band 5262
Der Besitzer eines kleinen Freiburger Ledergeschäfts entgeht nur knapp dem KZ und flieht nach New York. Er kehrt zurück – ohne je wieder zu Hause anzukommen.

Lotte Paepcke
Unter einem fremden Stern
Geschichte einer deutschen Jüdin
Band 5395
Lakonisch, knapp und packend erzählt Lotte Paepcke ihre Lebens- und Leidensgeschichte. Die deutsche Jüdin überlebt nur dank der couragierten Hilfe eines Geistlichen in einem Kloster in der Nähe von Freiburg.

HERDER spektrum

Spirituelle Mystik

Eugen Drewermann
Taten der Liebe
Hg. von Bernd Marz
Band 5136
Hier wird die Utopie einer Welt wirklich, in der Menschen sich geschwisterlich begegnen.

Willigis Jäger
Die Welle ist das Meer
Mystische Spiritualität
Hg. von Christoph Quarch
Band 5046
Mystik, was ist das ganz praktisch? Eine Sicht, die enge Grenzen sprengt und den tiefen Reichtum auch anderer religiöser Kulturen erschließt.

Willigis Jäger
Wiederkehr der Mystik
Das Ewige im Jetzt erfahren
Band 5399
Wie kann der Mensch angesichts heutiger Naturwissenschaft noch religiös sein? Der Benediktinermönch und Zenmeister antwortet auf drängende Fragen heutiger Sinnsuchender.

Lorenz Marti
Wie schnürt ein Mystiker seine Schuhe?
Die großen Fragen und der tägliche Kleinkram
Band 5687
Der Ort für die großen Fragen des Lebens ist immer da, wo wir uns gerade befinden. Marti gibt keine Rezepte, empfiehlt keine Übungen. Er nimmt seine Leser mit. Mitten ins Herz des Alltags.

Raimon Panikkar
Einführung in die Weisheit
Hg. von Christoph Bochinger
Band 5256
Wenn wir offen für die mythischen und mystischen Urerfahrungen sind, können wir unserem Leben spirituelle Tiefe geben und selber – zumindest ein wenig – weiser werden.

Raimon Panikkar
Lebendiges Schweigen
Herz der Mystik, Weg der Erlösung
Hg. von Gotthard Fuchs
Band 5434
Verständigung und Verstehen brauchen mehr als Wort und Text: die Kraft des Schweigens, die im Hinhören und in der Stille konkret wird. Meditative und kontemplative Wege.

Richard Reschika
Praxis christlicher Mystik
Einübungen – von den Wüstenvätern bis zur Gegenwart
Band 5851
Zen oder Yoga – die spirituelle Überlieferung des Ostens ist reich an Wegen zur Kontemplation. Doch auch die christliche Tradition kennt faszinierende Pfade in unser Innerstes.

Sich öffnen für den Augenblick
Mystik im Alltag
Hg. von Michaela Diers
Band 5594
Es gibt Momente, in denen ein besonderes Licht auf den Alltag fällt. Ein Buch voller außergewöhnlicher Texte – Autoren: Thomas Merton, Robert Lax, Dorothee Sölle, Thich Nhat Hanh, David Steindl-Rast u.a.

Elie Wiesel
Die Nacht
Erinnerung und Zeugnis
Band 4873
Atemlos, bewusst karg im Stil erzählt der Friedensnobelpreisträger seine Erfahrung als Kind in Auschwitz. Jede Zeile spricht uns unmittelbar an.

Ken Wilber
Im Auge des Hurrikans bist du sicher
Erfahrungen und Reflexionen
Hg. von Marianne Oesterreicher
Band 5549
Der faszinierende Wissenschaftler, Mystiker, Buddhist erzählt von seinem eigenen Weg. Eine Einladung, sich dem Prozess innerer Wandlung zu öffnen und in die Weite des Bewusstseins hineinzuwachsen.

Glaube, Geschichte, Kultur

Micha Brumlik
Judentum
Was stimmt? Die wichtigsten Antworten
Band 5796
Was macht jüdische Identität wirklich aus? Welche Klischees sind wirksam, worauf beziehen sich Vorurteile? Das Judentum als widersprüchliche Einheit von Glaube, Volk, Religion und Staat verlangt nach vielen Antworten.

Alois M. Haas
Meister Eckhart
Meister der Spiritualität
Band 5064
Der wohl bekannteste deutsche Mystiker: In seiner Vision eines „Neuen Menschen" sieht er Engagement und Meditation miteinander verbunden. Die kompetente Einführung.

Johann Maier
Judentum von A – Z
Glauben, Geschichte, Kultur
Band 5169
Alles Wissenswerte über Geschichte, Vorstellungen und die unterschiedlichen Erscheinungsformen der jüdischen Religion heute.

Martin Maier
Oscar Romero
Meister der Spiritualität
Band 5072
Oscar Romero verkörpert die Einheit von Mystik und Politik. Sein Eintreten für die Armen, sein Engagement für Gerechtigkeit und Menschenwürde ging bis zum Einsatz seines eigenen Lebens.

Jakob J. Petuchowski / Clemens Thoma
Lexikon der jüdisch – christlichen Begegnung
Hintergründe, Klärungen, Perspektiven
Band 4581
Erstmals in der Geschichte der beiden Religionen ein umfassend informierendes Gemeinschaftswerk zu zentralen Sachverhalten.